你也可以成为
顶尖推销高手

应急管理出版社
·北京·

图书在版编目（CIP）数据

你也可以成为顶尖推销高手/刘瑶编著 . -- 北京：
应急管理出版社，2019

ISBN 978 - 7 - 5020 - 7444 - 9

Ⅰ. ①你… Ⅱ. ①刘… Ⅲ. ①推销—通俗读物 Ⅳ.
①F713.3 - 49

中国版本图书馆 CIP 数据核字（2019）第 076838 号

你也可以成为顶尖推销高手

编　著	刘　瑶
责任编辑	陈棣芳
封面设计	于　芳

出版发行	应急管理出版社（北京市朝阳区芍药居 35 号　100029）
电　话	010 - 84657898（总编室）　010 - 84657880（读者服务部）
网　址	www.cciph.com.cn
印　刷	三河市宏顺兴印务有限公司
经　销	全国新华书店

开　本	880mm×1230mm$\frac{1}{32}$　印张　6　字数　151 千字
版　次	2020 年 1 月第 1 版　2020 年 1 月第 1 次印刷
社内编号	20181076　　　　　定价　32.80 元

前　言 Preface

这是一个推销的时代。

我们几乎没有一天不在推销，只是推销的目的各不相同罢了，有的人是在推销有形的商品，有的人是在推销无形的服务，有的人是在推销新奇的创意和策划，有些人则是在推销自己……

可以这么说，只要存在竞争，并且需要将"产品"推向市场，就需要推销。

今天的推销人员，和以往在街头叫卖的游商小贩迥然不同，和那些闯入民居强买强卖的"推销者"也不可同日而语。今天的推销员，不仅在生产厂商和消费者之间起着沟通者的作用，为买卖双方做出了很大的贡献，并且对整个经济的发展也有着不可磨灭的功绩。专业推销员不仅是备受敬重的一种工作，也是当今最时髦、最受欢迎的职业之一。每年都有成千上万的人投身推销行列，每年都有许多优秀推销员晋升为高层管理者。在美国就曾经以"你希望和从事什么职业的人缔结良缘"为题，征询适婚女性的意见，结果荣登榜首的就是推销员，可见推销工作令人倾慕的程度。

然而，做一个成功的推销员并非易事。它要求推销员除了必须具有高超的应变能力之外，还要熟练各种推销技巧。一个推销员要创造高人一等的业绩与丰厚的收入，其唯一的秘诀就是：训练，再训练，不断地训练。因为推销员最可贵的是要不断演练、检讨、改进，熟能生巧之后才能称其为"术"。正如我们虽然可以从书本上学到百米赛跑、撑竿跳高、打保龄球以及各式游泳的方法要领，如果没有亲自去体验、练习、训练，仍然是纸上谈兵，无济于事。无论我们所推销的是什么，都会深深感到推销工作的变化无穷，而且具有高度的领先性。一位顾客欣赏不已的推销方法，可能是另一位顾客极力排斥的；成功促成一位顾客购买的推销技巧，不见得就能顺利打动其他顾客的心。这就需要推销员的头脑必须敏捷清醒，视推销对象和场所的不同，随机应变，而且要恰到好处。推销之难就难在于此，当代推销员所要把握的主要关键也在于此。

本书重点介绍、分析和讲解了当今各种成功的推销术，尤其是在寻找客户、预先接近准客户、推销说明与演示、促成交易等技巧的掌握和运用等章节，按照推销过程的每一个步骤，循序渐进，做深入且详尽的论述。除了当代推销的理念与原理，以及独到精辟的剖析之外，同时辅以颇富启发性的推销实务与案例，是理论与实践兼顾的一本推销技巧范本。本书在再版时，吸取了更多推销领域的崭新理念与实用技巧，更是当今我国的推销人员所应学习和掌握的。全书内容丰富，资料新颖，是值得广大的企业管理者和推销员一读再读的好书。

刘 瑶

2019年9月

目 录 Contents

第一章 推销前的准备工作 ……………………………………… 1

◆ 所属区域决定收获大小 ………………………………… 1

　　找到区域内的重点推销对象 …………………………… 2

　　根据客户的使用状况调整推销策略 ………………… 3

◆ 怎样做行家 ………………………………………………… 3

　　对商品知识了如指掌 …………………………………… 4

　　了解客户的诉求 ………………………………………… 6

◆ 用计划约束行动 ………………………………………… 7

　　制订计划的原则 ………………………………………… 7

　　学会制定计划表 ………………………………………… 9

◆ 成功推销先要推销自己 ……………………………… 14

　　衣着对推销至关重要 ………………………………… 14

　　无"礼"寸步难行 …………………………………… 16

第二章　面谈决定推销能否成功 ……………………………… **22**

◆ 表达能力 ……………………………………………… 23

　　语言表达 …………………………………………… 23

　　肢体表达 …………………………………………… 31

◆ 提问有技巧 …………………………………………… 42

　　提问的三个方向 ………………………………… 42

　　提问的两种方式 ………………………………… 45

　　避免问不恰当的问题 …………………………… 46

◆ 听出客户的心声 ……………………………………… 47

　　如何做到积极倾听 ……………………………… 48

　　善于倾听的5个方法 …………………………… 49

第三章　把异议看作是对自己的挑战 ………………………… **52**

◆ 客户的 6 种异议 ……………………………………… 53

　　对自我的异议 …………………………………… 53

　　对价格的异议 …………………………………… 53

　　对商品的异议 …………………………………… 58

　　对服务的异议 …………………………………… 58

　　对货源的异议 …………………………………… 58

对购买时间的异议 ……………………………… 59

◆ 处理异议的有效办法 ……………………………… **60**

换个话题 ……………………………………… 60

给客户一些补偿 ………………………………… 61

打打太极 ……………………………………… 62

适当地反驳 …………………………………… 63

欲进先退 ……………………………………… 64

◆ 听懂客户拒绝的真意 …………………………… **65**

还需要考虑 …………………………………… 68

没有需求 ……………………………………… 69

经济能力不允许 ……………………………… 71

抱怨隐藏着需求 ……………………………… 73

第四章　推销从被拒绝的时候开始 ……………………… **75**

◆ 如何再次拜访 ……………………………………… **75**

巧用问候函 …………………………………… 75

不妨直接再访 ………………………………… 76

请上司一同拜访 ……………………………… 77

找到客户的弱点 ……………………………… 77

再访的注意事项 ……………………………… 81

◆ 建议书是无声的推销员 ················· 84

　　收集资料 ································· 84

　　撰写技巧 ································· 85

　　包含的内容 ······························ 87

　　撰写范例 ································· 92

第五章　成功交易的方法 ················· 103

◆ 与客户缔结契约 ······················· 104

　　为什么要缔约 ···························104

　　通过缔约了解客户真实想法 ·········104

　　缔约的3种形式 ························105

　　应该何时缔约 ···························106

　　把握缔约三要素 ·······················107

　　缔约时应注意这4点 ··················108

　　缔约的12条建议 ······················ 114

◆ 有效缔约的方法 ······················· 115

　　暗度陈仓 ······························· 115

　　引导周旋 ······························· 117

　　环环相扣 ······························· 119

设好圈套 ……………………………………… 121

以理服人 ……………………………………… 123

围魏救赵 ……………………………………… 125

追问渐进 ……………………………………… 126

心理施压 ……………………………………… 127

第六章　成交是与客户多次成交的序幕 …………… 129

◆ 怎样留住客户 ……………………………… 129

为客户提供增值服务 ……………………… 130

推出消费奖励方案 ………………………… 131

把顾客彼此联结起来 ……………………… 134

◆ 售后服务尽善尽美 ………………………… 136

成交是推销的开始 ………………………… 136

服务讲究诚信 ……………………………… 138

加强心灵的沟通 …………………………… 139

服务是长期性的 …………………………… 140

◆ 如何争取新客户及挖掘回头客 …………… 142

利用老客户推介新客户 …………………… 143

如何与流失的客户重新合作 ……………… 149

第七章　如何成为推销高手 ·············· 157

◆ **推销高手的必备条件** ·············· 157

有能力让客户感兴趣 ·············· 158

社交能力杰出 ·············· 159

有丰富的表演能力 ·············· 160

◆ **推销高手进阶** ·············· 161

发挥自己的潜能 ·············· 161

良好的自我管理 ·············· 164

建立5个信念 ·············· 177

第一章 推销前的准备工作

推销是一门艺术。推销员要像艺术家一样对待自己的工作。更精确地说，推销员要像巨星级艺术家在登台演出前一样，事无巨细地做好前期准备工作，以保证每一场演出都尽善尽美。

推销员只有在事前做好充分的准备工作，才能够快捷有效地找到准客户，同时也保证自己在推销过程中信心百倍，于谈笑之间化解各种可能出现的波折，一步步走向成功。

那么，推销前的准备工作究竟包括哪些方面呢？

◆ 所属区域决定收获大小

对于一个钓鱼的人来说，他所选择的池塘里鱼的多少与大小直接决定他收获的丰厚与否。选对了池塘，他才能钓到大鱼。

同样，作为一个推销员，也必须在推销之前选对自己推销的"池塘"——区域。

有的推销员也许会说："可是，我们公司对我们早就有了区域划分。"是的，有些公司对旗下的推销员划分了地理区域，并且规定推销员不得跨区推销。但即使有了区域划分，推销员也要在自己所属的区域内做文章。

为什么要在区域内做文章呢?

让我们举一个例子:在同一个池塘里,因为阳光、水草的分布不同而出现鱼群的分布不同。精明的钓鱼高手,往往根据这些因素选择出一个最佳的下钓点,并因此而收获颇丰。你要向这些精明的钓鱼高手学习,不仅要选对"池塘"——推销区域,还要选对"池塘"里最佳的"下钓点"——重点推销对象。

在推销活动中,寻找推销对象既是推销的首要环节,同时也决定着整个推销活动的效率。有效地寻找和选择重点推销对象,可以使你充分利用有限的时间和费用,集中精力说服那些有着强烈的购买欲望、购买能力强、购买量大的客户,从而大大减少推销活动的盲目性,提高推销的成功率。

有人曾经问过一位业绩显著的推销员,其成功之道是什么?这位推销高手认真地回答道:"把时间用在最有希望的准客户身上,在希望不大的准客户身上不浪费光阴。"

既然寻找重点推销对象如此重要,那么如何去寻找他们呢?

寻找重点推销对象要运用两种手段:了解区域内行业状况及区域内客户对商品的使用状况。

◆找到区域内的重点推销对象

如何了解区域内行业状况?

表1-1是一家办公用品的推销员为了了解他的区域内行业状况所做的统计报表,报表显示出他的区域内工厂所占的比重高,所以他推销的重点应该针对工厂,而他的主要竞争者是向这些工厂提供办公用品的厂商。

表1-1 行业类别员工人数

员工人数 行业类别	10人以下	10~50人	30~100人	100~300人	500人以上	合 计
政府机构	0	5	5	0	0	10
学 校	0	0	0	0	2	2
工 厂	30	100	500	205	80	915
销售业	200	300	2	2	0	504
服务业	500	150	3	2	0	655
其 他	300	100	10	0	0	410
合 计	1030	555	520	209	82	2396

◆**根据客户的使用状况调整推销策略**

通过了解区域内客户对商品的使用状况，你能知道你主要的竞争者是谁，也可进一步研究客户喜欢购买竞争者产品的原因是什么，同时也能了解自己公司的客户状况，以便做好服务及做再购买的准备工作。

一位信誉良好的寿险公司推销员，当他进行保险的推销工作时发现，如果这家公司已经有员工成为他的保户，进行推销的工作就较容易；反之，推销寿险则较困难。发现这个规律后，他调整了推销策略，很快就拥有了许多承保的客户。

只有清楚地了解了区域内的行业状况，也清楚地了解了区域内客户对于产品的使用状况，你才能寻找到推销的重点对象。

◆ 怎样做行家

你是否有这样的经历，到百货公司去买电器产品时，同一产品总有三四种不同的品牌价格不一样。对一个还没有决定要买哪一种产品的消费者而言，想要比较一些不同品牌的差别在哪里，应该是最基本的需求，但是几乎有半数的店员不能明确地回答这个问题，甚至有些店员对产品的使用方法完全不知道。

虽然某类型的产品如电子、电器，产品的更新速度非常快，用"太忙！""公司教得不详细！"等理由去解释售货员不精通自己推销的产品，是不能成立的，可以说是失职。

任何工作都一样，想要精通自己的业务，就要靠自己努力去学习。你精通专业知识不是替公司学习，而是为自己学习，因为你的工作是把你的商品知识传达给客户，协助客户解决问题。因此，你必须刻意地、主动地从更广泛的角度，专精于你的商品知识。

怎样做行家，可以从两个方面着手：精通商品知识和把握诉求要点。

◆对商品知识了如指掌

对推销员来说，商品知识所涵盖的范围比较广泛，它包括推销一件商品所需要的各种知识。推销员的商品知识懂得越多，工作起来就越有信心，在推销过程中也就越有主动权。推销员需要掌握的商品知识主要包括下列10个方面。

1. 商品名称

一位专业推销人员所负责推销的商品从几种到数十种，甚至会更多，这些商品的正式名称、普通名称、简称、俗称等都必须通通记住。

2. 商品内容

必须熟知你所负责推销的商品，同时还必须了解与该商品有关的知识，这样才能回答客户所提出的各种问题。以制造业为例，凡是商品的规格、型号、构造、成分、功能、用途、修理方法、保存方法、使用年限、有效安全期限以及注意事项等都要牢记。

3. 使用方法

要熟练地掌握所推销的商品的使用方法。无论什么商品都有说明书里没有涵盖的注意事项或使用要领，关于这方面的知识，作为一名专业推销员是必须知道并牢记的。

4. 商品特征

你所负责的商品如果比同行的好，就更要清楚这一点，并把它作为推销时的利器；反之，如果它比同行的差，也要特别认识到差在什么地方，并事先研究出对策以应付用户就此问题所提出的质疑。

5. 售后服务

一位推销员若不履行与用户事先签订的服务承诺，就会遇到麻烦。有关售后服务，公司都有一定的规定，要正确无误地向用户送达。要做到这一点，则必须熟记有关规定。

6. 交货期，交货方式

如果合约到期却交不了货，给客户造成麻烦，他一定会追究公司和推销员的责任。尤其是当对方要求在短时间内供货而生产进度跟不上时，更容易遇到这种情况。因此，推销员平时应掌握库存、发货、生产周期等有关情况，不要签订明知交不了货的合同。

交货方式有直接从仓库交货、火车托运、船运和空运等不同方式，根据订货量的大小不同，其运送方式也不同，要清楚在各种情况下使用的运货方式，并能清楚无误地计算运费。

7. 价格，付款方式

要搞清楚公司规定的标准销售价和允许的降价幅度，同时也要清楚标准价和降价的关系。

8. 研究同行竞争者的商品

无论哪一种商品都会有不少的直接竞争对手，要想取得竞争的胜利，必须透彻地研究对手的商品。其方法包括查阅本公司所搜集的对方的有关资料，听取上司以及有经验同事的意见。此外，本人还要亲自接触对手的产品，并和本公司的同类产品进行比较，找出其长处和短处。不仅要研究商品本身，还要研究售后服务、价格、付款方式、说明书等。

9. 材料来源与生产过程

公司所使用的原材料是国产的还是进口的？客户可能会问起这方面的问题，推销员为了能妥善回答必须好好地学习。有的客户可能会问到产品的生产过程，因此推销员也应该知道有关这方面的知识。

10. 相关商品

凡是本公司生产或经营的商品，即使不属于你负责推销的也应该略知一二。此外，总公司的推销员对子公司生产或经营的商品也应该了解。如果客户向你问起这方面的内容，你说"我不知道"，那就出丑了。

只有将以上10个知识点都了如指掌，你的商品知识才称得上达到要求了。

◆ 了解客户的诉求

推销要能有效地说服客户，除了不停地充实商品知识外，同时要明确地把握住商品的诉求重点。

有效、准确的诉求重点有赖于平时对各项信息的收集和整理。你可采用如下3个方法收集你推销的商品的诉求重点。

1. 从阅读而来的情报

· 新闻、杂志刊载的资料。

· 样品。

· 简介。

· 设计图。

· 公司训练资料。

2. 从相关人员处听来的信息

·上司、同事。

·研究开发部门。

·生产制造部门。

·广告部门。

·技术服务部门。

·竞争者。

·客户。

3. 自己体验出的信息

·自己亲身销售过程的心得。

·客户的意见。

·客户的需求。

·客户的抱怨。

精通商品知识不是静态地熟记商品的规格、特性，而是一个动态的过程。你要不断地取得和商品相关的各种信息，从你累积的各种信息中，筛选出商品的最大效用，以满足客户的各种需求。

◆ 用计划约束行动

推销是以行动为导向的科学，没有付出行动，必定得不到收获。有效率的行动，要依靠制订计划来监督与约束。

◆制订计划的原则

一般来说，计划也有长短之分。一般的推销计划有月计划、周计划、日计划。比较来说，月、周计划概括一些，日计划则要落实到时分、对象、路线等。就推销访问来说，日计划其实就是一张行程表。

计划应包括什么内容、应怎样制订呢？还是来看实例。

推销员李君关于行动管理的做法，非常具有典型意义。李君服务于业绩良好的某公司，该公司主要以寻找小型零售店进行巡回销售的业务为主。

李君每月均于月初将一个月的行动计划列入计划表，预定的行动表是以客户的采购金额、占有率为根据。他先计划好对各客户每月访问次数的标准，然后制作成计划表。值得说明的是，他并非机械性地制作计划表，而是要依据上个月的情况，如实际上与其他公司的竞争状况、商谈的进展情形、客户店面的信息（店铺改装、周年促销）等因素，然后再依照各客户的实际情况分配访问日期。

月行动计划表制作需要花费时间和力量，但优秀推销员非常重视此项工作。其理由是，每月行动计划表是达成每月销售预算的必要基本程序。当然，每月行动计划表的内容，只是较粗略地描绘何时（何日）、到何处（客户处）等事项，其实只是一项工作"草图"，最后会发生偏差也是无法避免的事。

因此，周行动计划表就有必要出场了。李君公司所规定的每周计划行动表，都在每星期六做好，以使每月行动计划表更具体；同时，对月计划中所发生的偏差加以调整。这样一来，由整个月来看，每月计划行动的偏差经过调整之后，各客户的访问预定日虽有改变，但各客户每月的访问次数，大致上仍可依照当初的计划进行。

周计划表一般包括5个W和2个H，即When（何时）、Where（与客户洽谈的所在地，如客户的事务所、分支机构）、What（推销商品、探听信息）、Who（预定面谈的客户）、Why（访问目的，即商谈、收集信息、提出估价单），How（如何推销、如何设定销售要点），How much（订购预定额、订单数量）。

至于日行动计划表，其制作方法与周行动计划表相似，只是更加细化而已。

李君用以上的方法，依次做出每月、每周、每日的行动计划，每次都使内容修正得更具体、更实际，而使不当的访问活动造成的随便、浪费、多余、勉强等情形显著减少，使推销行动更有效率。制订周密的计划，是推销员成功的第一步。

一般来说，推销计划，尤其是较为具体的周、日计划，要遵循以下原则来制订和执行。

1. 具体化

把每日应做事项列成一览表，依事件的重要程度决定顺序，依次排列，逐日填写。

2. 顺序优行法

将当日的行动依序先后排列。顺序取决于事项的重要性，亦即把必须先做的事放在前面，而不是以难易程度做决定。此外，也要考虑类似性，将相似的事项一起处理。

3. 注重单纯化

掌握推销的秘诀，避免不必要的浪费。

4. 不拘泥于工作日程度

推销计划只是大致的准则，并非绝对的原则。尤其是以人为工作对象时，随时会发生必须随机应变的突发状况，否则可能会不经意地冒犯顾客，所以必须格外警惕。

◆学会制定计划表

许多人都愿意用表格的形式使计划清晰起来，这就有了计划表。推销员也是如此。

　　第一次世界大战时期，美国工程师亨利·甘特为促使军舰顺利建造和开发，制定了一种表格（表1-2）。

表1-2　甘特表

项目＼月日	28	29	30	31	6/1	2	3	4	5	6	7	8
A												
B												
C												
D												
E												
F												
G												
…												

　　这种表格以纵轴标明计划的项目，横轴标明日期，再用双线表示每项工作或工序的始末日期，使用时，在双线中涂上颜色，表明进度。这种计划表曾为许多人所借鉴，被称为"甘特表"。

　　计划表如何制订并无一定之规，下面选取几种列出，以供参考，见表1-3至表1-5。

表1-3 五年计划表

从现在开始五年内 我所要完成的工作	达成目标的 障 碍	克服障碍的 一般性计划	克服障碍的 具 体 计 划
1. 我所要从事的工作： _____ _____ _____ _____	1. _____ _____ _____ _____	1. _____ _____ _____ _____	1. _____ _____ _____ _____
2. 我所要从事的行动： _____ _____ _____ _____	2. _____ _____ _____ _____	2. _____ _____ _____ _____	2. _____ _____ _____ _____
3. 我希望工作的地区： _____ _____ _____ _____	3. _____ _____ _____ _____	3. _____ _____ _____ _____	3. _____ _____ _____ _____
4. 我希望担负的责任： _____ _____ _____ _____	4. _____ _____ _____ _____	4. _____ _____ _____ _____	4. _____ _____ _____ _____
5. 我希望肩负的个人 与家庭责任：_____ _____ _____ _____	5. _____ _____ _____ _____	5. _____ _____ _____ _____	5. _____ _____ _____ _____

表1-4　推销访问计划表

公司名称：_____

具有采购权者：_____　　职称：_____

1. 此次访问要达成什么目标？_____

_____

_____

2. 准顾客对我的推销目标有何影响？_____

_____

3. 我必须考虑到准顾客的需求、欲望或问题是什么？_____

_____

4. 我的产品如何满足准顾客的需求或解决他们的问题？_____

_____

5. 有何证据可用来证实我的说法呢？_____

_____

6. 我可预知什么目标？_____

_____

7. 我是否仔细回答了上述第一个项目？我是否具体地解决了此次访问所希望达成的目标？

_____

_____

表1-5　每日访问计划表

		工 作 计 划 （列出今天要访问的顾客）		执 行 情 形 （记下购买报告对你的管理阶层都有助益） 日期：＿＿＿＿＿访问的顾客	
	✓	公　司	接洽人	样　本	备　注
1					
2					
3					
4					
5					
6					
7					
8					
9					
10					
11					
12					
13					
14					
15					
16					
17					
18					
19					
20					
					新开发的顾客
1					
2					
3					
4					
5					
6					

人生中伟大功业的建立，不在能知，而在能行。当你知道如何做一个专业推销员在推销前的准备工作，你就要行动起来，让自己更加专业。

◆ 成功推销先要推销自己

优秀的推销员先推销的是自己。有了充分的准备和讨人喜欢的个性，有利于建立起了友情和信任的纽带，得到客户强烈的认同感，随之而来的是大量订单的赠礼。

成功推销自己，最基本的前提是要有合体的穿着打扮与良好的礼仪规范。

◆衣着对推销至关重要

几年前，美国有一位学者研究衣着对个人事业成功的影响，最后得出的结论非常惊人。他根据这项结论写成的《迈向成功的衣着》，成为全美的畅销书。该书用大量的事实论证了这样一个观点：人的衣着打扮与成功有着莫大的关系。

某报纸曾报道过这样一件事：一位外商到内地某食品厂洽谈一笔大生意。接待他的一位经理是个不修边幅的人，身上的衣服好几天没洗，发出一股呛鼻的汗臭。外商见状，一语未发，掉头就走。事后，他说：连工厂的管理者都这么不讲卫生，我怎能放心与他们合作！一桩大买卖，就因为衣冠的不整而搞砸了。

再举一个成功的例子。人寿保险推销员原一平刚开始从事推销时，每天穿着一件夹克去拜访客户，结果一个月过去了，鞋子磨破了两双，他还是没有签到一份订单。后来，他改变了穿着，每天穿西装打领带拜访客户，不到两天，就签了好几份订单。这个例子充分证明了衣着对推销员来说，有非常重要的作用。

尽管我们一再教育或被教育看人不要单看外表，但不可否认的是我们与人打交道时——特别是初次，对方的外表对我们交往的顺利与否起着巨大的作用。外表体面的推销员，卖的商品应该也不错——每个客户都会这么想！门开处，如进来的是个穿着随便的邋遢家伙，自然不会有人相信他会有什么宝物。一般状况正是如此，就算是有例外也一样，因为例外正好证明规律的存在。

不过凡事物极必反。我曾看过一些身穿成套名牌服装的推销员，打着名家特别设计的领带，腕上劳力士金表金光闪闪，配着引人注目的流行艺术图案袖扣……打扮过了头的推销员，易使客户觉得自己矮了一大截，难免心生排斥，想着："我可别让这家伙骗了！"

下面简略地介绍一下推销员合体适宜的穿着打扮原则。有志于成为顶级推销员的朋友，不妨再找一找介绍得更为详细的穿着打扮方面的知识，给自己来一个合体的包装。

1. 穿着

·衬衫领带

每天要更换衬衫，注意袖口及领口是否有污垢；衬衫颜色必须要和西装、领带协调。

·西装

西装最好和西装裤同一颜色。把西装的第一个纽扣扣住，西装上口袋不要插笔，两侧口袋注意不要因放香烟、打火机而鼓出来。

·鞋袜

鞋袜要搭配得当，不要太华丽，鞋子若沾上泥土去拜访客户是相当失礼的。

2. 打扮

·头发

一流的推销员必有一头梳洗整洁的头发，头发最能表现出一个人的精神。

·耳

耳朵内须清洗干净。

·眼

眼屎绝不可留在眼角上。

·鼻

照镜子时要注意鼻毛不能露出鼻孔。

·口

牙齿要刷洁白，口中不可残留异味。

·胡子

胡子要刮干净或修整齐。

·手

指甲要修剪整齐，手要保持清洁。手脏的话，你握着的任何商品都会贬低价值。

◆无"礼"寸步难行

我国自古以来都是"礼仪之邦"，凡事彬彬有礼之人，走遍天下都能受人尊重，得人善待。作为成天与人打交道的推销员，我们不妨改动一句俗话来说明礼貌的重要性：有"礼"走遍天下，无"礼"寸步难行。

具体到推销员所应注意与讲究的"礼"，我们从以下几个方面加以阐述。

1. 鞠躬的姿势

一般来说，推销员与客户的鞠躬以15°为宜。当然，有时为了表达你的真诚感激，也不妨用90°的鞠躬方式。在做15°鞠躬时，视线约停在脚前2米处，头和身体自然地向前倾斜；鞠躬的诀窍在于低头时的动作要比抬头时缓慢，时间约一呼一吸间。

2. 站立商谈的姿势

当你站着与客户商谈时，两脚平行打开（图1-1）约10厘米左右，这种姿势较不易疲劳，同时当头前后摆动时较能保持平衡，气氛也能较缓和。

通常10厘米左右

图1-1

3. 站立等待的姿势

在某些站立等待的场合，你可将脚打开，双手握于小腹前（图1-2），视线可维持较水平微高的幅度，气度安详沉稳，表现出自信的态度。

双手握于小腹前

两脚平行打开

图1-2

4. 椅子的坐姿

尽量从椅子的左侧入座，紧靠椅背（图1-3），上身不要靠着椅背，而要微向前倾，双手可轻握放腿上或两手分开于膝前，两脚的脚后跟靠拢，膝盖可分开一个拳头宽，平行放置；若是坐在较深而软的沙发椅上时，应坐在沙发的前端；若往后仰靠在沙发椅上则下颚将往上抬，而鼻孔内的鼻毛容易被对方看到，将显得不雅观，这种坐法应尽量避免。

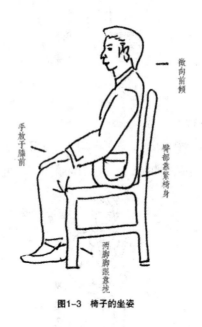

图1-3 椅子的坐姿

5. 商谈的距离

当你接近客户时，对较熟悉的客户自然较靠近，反之则会保持较远的距离。通常与较熟悉客户间的谈话距离为70~80厘米，与较不熟悉的客户的谈话距离为100～120厘米。

商谈时双方的距离如图1-4所示。

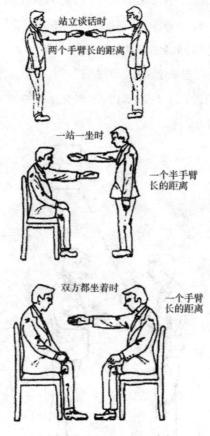

图1-4　商谈时双方的距离

（1）双方站立谈话，约两个手长；

（2）一站一坐，约一个半手长；

（3）双方都坐着，约一个手长。

6. 递交名片的方法

一般名片都放在衬衫的左侧口袋或西装的内侧口袋，名片最好不要放在裤子口袋。

　　推销员出门前，要养成检查名片夹内是否还有名片的习惯；名片的递交方法（图1-5）：将各个手指并拢，大拇指轻夹着名片的右下，使对方好接，递交于对方的胸前，拿取名片时要用双手。

　　拿到对方名片时要轻轻地念出对方的名字，以让对方确认无误；拿到名片后，可放置于自己名片夹内。同时交换名片时，可以右手递交名片，左手接拿对方名片。

轻握名片右下方，使对方好拿

以弧状方式交于对方胸前

图1-5　递交名片的方法

7. 座位的入座方法

　　会客室的入座方法往往没有一定的常规可循，因此，最好是先站立于会客室内，等待主人的指示入座。若会客室是三个椅子（图1-6a），客人通常坐在面向门口最里面的位置。

搭乘计程车时的坐法顺序如图1-6b所示；由主人自行开车的坐法如图1-6c所示；宴会餐桌的坐法顺序如图1-6d所示；坐火车时的坐法顺序如图1-6e所示（图中①至④是指座位的位置和就坐的先后顺序）。

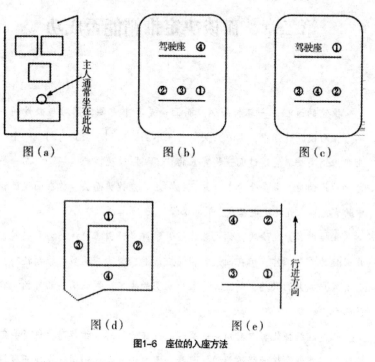

图1-6 座位的入座方法

关于推销员的礼貌，本章就谈这些。总之，推销员只有对客户以"礼"（礼貌）相待，客户才有可能以"礼"（订单）回赠。

第二章　面谈决定推销能否成功

　　推销的过程，一环扣一环，而面谈是其中重要、困难与微妙的一环。在面谈的过程中，客户"买"与"不买"已到了决定时刻。一个专业的推销高手，能通过面谈将客户的"不买"改变成为"买"；而一个蹩脚的推销员，只会令原本打算"买"的客户掉头而去。你在面谈过程中的言行举止直接决定客户决策的选择。

　　在接近客户的阶段，你虽然已经做了许多吸引客户注意力和引发客户兴趣的前期工作，但在面谈时，还应该继续努力应用多种推销技巧，引发客户更大的兴趣，刺激客户做出购买的决定。因此面谈的目的无非是两个：

　　一是继续强化客户对商品的兴趣，并极力推荐。推荐时推销员一定要注意不能做主观的强迫推销，只能与客户做互动的沟通，发现问题解决问题，然后再给出适当的推销建议，将商品推荐给客户。

　　二是促使客户对商品的兴趣转化为购买的欲望，进而做出购买的决定。

　　兴趣是客户心理上因为注意而引起的感情状态，并不意味着客户一定会购买，只表示其对推销员所提供商品存在着一种关切之情。所以推销员在引起客户注意、激发其兴趣之后，还要让客户充分认识商品所具有满足其需要和解决其问题的功能及价值，进而加强客户对商品的信心，坚定其购买的信念。

另外，在面谈之前，客户往往会有很多疑虑和担心，比如，你所要提供的是什么样的商品，有什么特点，性能如何，价格能不能便宜一些，耐用程度如何，等等。这些问题顾客都会在面对面的洽谈中提出，希望推销员能够给予一个满意的答复。你对于顾客的种种疑虑，不能轻视，应当把它作为面谈前必须解决的难题而加以重视。否则，这些没有得到称心满意答复的疑虑，便会直接成为面谈的障碍，进而影响推销的进程。

事实上，许多推销障碍并不是顾客有意为难造成的，而是由于得不到推销员满意答复引起的。在整个面谈过程中，顾客心里的疑虑越少，推销成功的机会便会越大。所以，你要十分重视顾客提出的种种疑虑，在面谈之前，就要将有关商品、价格、保养、维修、性能、运输条件等顾客可能提到的问题一一列出，并针对这些问题，准备好最佳的答案，与其他方面的准备一起纳入面谈准备之中。一旦顾客提出有关问题，便可给予圆满答复，为成功面谈奠定坚实的基础。

◆ 表达能力

面对面交流与沟通，有口头语言与肢体语言两种方式。推销员对这两种方式都应掌握娴熟。

◆语言表达

上帝赐予我们嘴，不只是为了吃饭。嘴另一个重要的作用就是沟通。

作为一个推销员，更是要重视嘴这个沟通工具。推销员很大程度上就是凭自己的嘴在工作。

在与客户面谈时，其语言应该从如下几方面注意。

1. 有礼貌地打招呼

礼貌地打招呼是建立良好的人际关系不可或缺的因素，诚如一般人所说，在亲密的人与人之间也须维持礼貌，即使是亲子或夫妻之间亦然，更何况对于客户，礼节更是不容轻慢。

有礼貌地打招呼是社会的通行证。

通常，如果推销员以大而化之的态度向客户打招呼，如仅简单地向客户点个头，或甚至连头都不点，只稍微欠欠身，这种打招呼方式在某些较讲究礼貌的人眼里、心里可能很不是滋味，于是，原本或许有机会成交的买卖，可能因此种行为失去了成功的可能。

此外，注视对方眼睛也是一种礼貌的表示。眼睛是人的心灵之窗，因此，你应以诚挚的眼神让对方打开心扉，使其在不知不觉中接受你，并对你产生信赖。

下列即为打招呼应注意的要点：

· 视场合表现有礼貌的举止。

· 先鞠躬，再注视对方的眼睛，握手。

· 说话要有精神。

· 主动开口。

· 称呼对方名字。

· 面带笑容。

2. 用明快的语调说话

从"您好"到"再见"，自始至终都要用明快的口气接待所有的顾客。抱着喜欢对方的心情，发出富有朝气的声音，要做到这两项并不难，无论是什么性格的推销员都能做到。

3. 诚心诚意

有诚意又热情洋溢地与对方说话，这在说话艺术中是最重要的。回答肯定的问题时，要充满诚意地说一声"是！"愉快的声音传到对方的耳朵里，对方一定会受用的。

4. 注入感情

新闻广播时，播音员不带主观意识，不带感情，只是平实客观地述说，这是其职业的要求，但推销人员就不同了。一般来说，带感情说话是至关重要的。说话没有抑扬顿挫或不带感情时，听起来不但使人感到无聊乏味，而且使人感到说话的人是一位性格冷酷的家伙。

我们说话的声音，也必须和音乐一样，能够渗透进听众的心中，才能达到说服的目的。

·在表示有疑问的时候，可以稍微提高句尾的声音。

·要强调的，声音的起伏会变大。

·要表现强烈的感情时，调子会降低或逐渐提高。

绝对不要使你的语气单调，音阶的变化会加强你的说服力。换言之，也就是你的热情在音阶的变化中展现，并且能够感染听众的内心，而产生说服的力量。

原一平在谈到这个问题时，颇有感触地说："有说服力的声音，起码有七八个音阶，来帮助声音中的抑扬顿挫，这是一流的推销员应该具备的条件。如果你对自己的工作有浓厚的兴趣和情感，当你在做这项工作时就会把热情投注其中，自然你说话的声音就能产生极富说服力的抑扬顿挫的声调。不要犹豫，声音中该强调的地方一定要清楚而声调稍高，你要训练自己的声音，使它成为帮助你达到成功的条件。"

有趣的话题使人听起来神清气爽，伤心的话题使人听起来直想落泪，恐惧的话题使人听起来毛骨悚然、浑身发抖。作为一位推销人员，你要学会这套本领，不说则已，说就要说得活灵活现。

和客户交谈，不管是聊天还是商业谈判都要有感情，这样才会有效果。不过，在一般情况下，尤其是在商业谈判时，必须抑制住自己愤怒和悲伤的情绪。

5. 注意说话间隔

会说话的人，说话间的停顿、间隔会恰到好处。所谓说话间隔，是指说话途中稍微沉默停一下的空白状态。我们平常说话时，无意识的语言间隔很多。例如，你从公司下班一回到家里，"肚子饿扁了……今晚吃什么菜？"妻子或母亲回答说："今天的晚餐哪……豆瓣鱼、鱼片炒豆角、紫菜汤，还有……都是你最喜欢吃的。"这话一听，充满全家团圆的气氛。

有意识地运用话语间隔，可提高语言的表达效果，这也是一门说话艺术。例如，本来认为不可能做成的生意却做成了，在这种情况下，不少人可能会说"这份感激我一辈子也忘不了"。如果在中间稍微停顿一下，说成"这份感激……我一辈子也忘不了"，这样一来，内心的高兴劲儿将进一步实实在在地表现出来，这才能打动对方的心。

实施说话间隔的理想时刻有：

· 高峰前的片刻。

· 想使对方注目时。

· 需要时间考虑时。

· 变换说话内容时。

此外，还必须注意说话不要太快，要有节奏地说。一次的说话量不要太大，不能太长，就像写文章要加标点符号一样。

6. 要用心倾听对方说话

会说话的人都是会听话的人。从不自己哇啦哇啦地说个不停，而是洗耳恭听，这样的人是最会说话的人。

在日常会话当中，要做到会听是相当困难的，有的人甚至连相互交谈的最基本原则都做不到。对方一开口，立刻打断对方，自己却长篇大论地讲个不停。等到对方感到不快而索性不说了，他反而认为对方被自己说服了，因而得意扬扬，这样的人可还真不少。通常自己的毛病是不太容易发现的。

日常会话是提高讲话艺术水准的舞台。你应留心别人讲话中的一些坏毛病，使之成为警惕自己的好材料。

在和对方的谈话过程中会听是很重要的一环，这是博得对方好感的一个秘诀。遗憾的是，不少推销人员急于推销商品，把对方所讲的话都当成耳边风，而且总是迫不及待地在商谈中提出问题或打断对方的话，或申述自己的观点。这些都是不对的。

欲速则不达，如果想使交易成功，顾客在长篇大论时是成功到来的有利时机，你应该为此高兴，所以当对方滔滔不绝地说话时，应该立刻提起精神来倾听，并经常兴味盎然地问："后来呢？"以催促对方继续往下说，要用好像听得出了神的样子去倾听对方的话。

对于喜欢说话的顾客，推销人员只要洗耳恭听，他就会笑容满面，高兴得不得了。在这种情况下，当对方关掉话匣子时，紧接着很可能说："就这么决定了，我们订合约吧！"即使签不了合约，他也会很高兴地等待你的下一次来访。

关于倾听这个话题，本章第三节将会详细着墨，请读者留意。

7. 不要使用难懂的语言

有的人喜欢说一些令人难懂的话，用一些生僻、文绉绉的专业词汇，有的人故意使用一些对方听不懂的成语典故，以为这样能使自己显得学识渊博，获得他人的佩服与尊重。

例如，对顾客说："破暖轻风，单衣初试。"尽管他挖空心思，咬文嚼字，但对方却不知该怎么理解，还不如说："天气转暖，可以穿一件单衣了，真是很舒服啊！"

如果对方个性很强，对一些难懂的话不明白，或者要对方费心思猜，对方一定会反感你，排斥你。

有人在说话中喜欢用一些不常用的外来语（主要是英语），尤其是一些大公司的推销人员比较常见。虽说语汇丰富是一个优点，但是如果对方听不懂，就会感到不知所措而难为情了，这是非常失礼的。因此，有乱用外来语怪癖的人必须适可而止。

有一些不常用的话，估计对方可能听不懂但又不能不说时，该怎么办呢？那就尽量不要伤害对方的自尊心，用较温和的方式表达。

有的人吹毛求疵、故弄玄虚、说话带刺，这很令人讨厌，你应引以为戒。

在与顾客谈话的过程中，除非是不可替代的专有名词，一般来说应尽可能使用忠实于本意且通俗易懂的语言，只有这样，才能使对方感到亲切。

8. 不要唠唠叨叨

有的人喜欢把同一件事唠叨地说个没完，他虽想把意思表达清楚，但听的一方早已厌烦了，好话说三遍也会令人生厌。

推销员说话啰唆是不合格的，应该彻底地纠正过来。治疗这种毛病，开始的时候需小心，哪怕讲话略显生硬也没有关系，要抓住要点反复练习。

9. 话题要丰富

到客户那里去访问时，应首先从聊天入手，然后再进入正题。身为推销人员，聊天是工作的一个重要部分，那么从哪一个方面展开话题呢？要针对不同时机、不同对象，因时而异、因人而异，为此，应事先准备各种不同的话题。

看报纸时要留神那些有趣的新闻，不仅如此，还要养成平日聊天时搜集各种信息并使之成为话题的习惯，还有要注意体育运动比赛的内容和结果。晚上看电视时要花点儿时间看一些有趣的电视剧，因为不少电视剧可成为很好的话题。当然首先是电视新闻和综艺节目等，因为这方面的内容话题更多。另外，在时间允许的情况下要尽可能多读些书，扩大知识面，如果还有可能的话，可从家人或朋友那里学习一些自己不擅长的东西，例如女性心理学、时装的流行款式等。

推销员的知识先要求宽，再求精，要适应各种不同爱好和不同兴趣顾客的需要，但要注意，千万不要以此来炫耀自己。

日本寿险"皇帝"原一平年轻时读的书很少，随着他业务面的逐渐扩大，他越来越感到知识的贫乏给他带来的不便：

"我的太太久惠从小就手不释卷，喜爱看书，而我从小见到书本就头痛，所以讨厌看书。在这一方面，我们夫妻也形成强烈的对比。

"在结婚之前，久惠曾拜中村河女士（日本有名的短诗诗人）为师，学习写诗。对她所喜好的东西，我都一窍不通。在结婚之后，彼此就显出教养上的差异了。

"由于我书读得太少，我经常听不懂久惠话中的意思。另外，当我因业绩扩大而认识更多的人时，一些人所谈的话我也听不懂，这一点也使我感到十分惭愧。

"我知道这都是知识贫乏所造成的恶果，于是我下决心苦读。

"我选定每个星期六下午为进修的时间，并且决定不让久惠知道。

"此后，每个星期六我都提早结束推销工作，下午溜到图书馆去苦读。

"每周我都事先安排好主题，例如，这一周是经济问题——股票、税制等，下一周是技术问题——烟斗的制造法、木器的修理等，第三周是文学问题，第四周是时间问题，第五周是家用电器问题，第六周……

"我徜徉在浩瀚的书海之中，乐此不疲。

"我发誓我的知识要赶上久惠。

"我希望任何人与我谈起任何问题，我都能与他谈得头头是道。

"当时我读书的方式是这样的：先依照本周的主题，将有关的书籍借出堆在桌上。再从每本书的目录上找出线索，如果发现重要的内容就做笔记。

"由于当时还没有复印机，所需的资料均得自己抄写或做笔记。抄写虽然要花很多时间，但资料经过手写之后，印象深刻，也较易记牢。"

原一平凭着一股锲而不舍的精神，终于拥有了广博的学识。从此他与任何客户谈话，都不再"囊中羞涩"，能够不卑不亢、有条有理地说得头头是道。

10. 方言及其妙用

我国幅员辽阔，各地的方言不少。在推广业务上，造成很大的困扰。因此，专业的推销人员还需要学会说各种方言，特别是方言很重地区的推销员，如果不会说其他方言，那他的活动范围就会小很多。但是，如仅仅为了纠正音调而花很大的精力和很多的时间则没有这个必要。因为如果那样，会使言语呆板、枯燥无味。

11. 声音的魅力

修饰说话的技巧在于声调。推销人员如果是一副破锣嗓子，的确需要进行必要的修饰，除此之外，不必装模作样、打官腔或用假嗓子等。务必要用你本来的嗓音，把想说的话心平气和而又愉快地传达给对方。

口齿清楚、发音有力又容易听懂是声音有魅力的前提条件。所谓有魅力的声音，是指语调温和、言辞通情达理，使人乐于倾听，感觉温暖的声音。

◆肢体表达

推销中的语言艺术不只是用嘴巴说一些动听的言辞，还必须配合肢体语言，才能达到理想的沟通效果。

原一平曾经拜访一位中年妇女，当他听到这位中年妇女埋怨说她的儿子不爱读书时，原一平平淡地说："一个小孩子不喜欢读书是很正常的，但是随他放任自流，成绩会越来越差，越来越讨厌读书。"说话的时候，原一平凝视着中年妇女的眼睛。突然，他将身体往前倾，同时用手大力地敲了一下桌面，"但是，如果做妈妈的都不关心的话，那谁来关心呢？"说到这里，原一平停顿了一下，缓和了自己的口气，用一只手作势抚摸自己的肚子，"那可是辛辛苦苦十月怀胎生下来的心肝宝贝呀。"然后原一平的语气再度急促，"您一定希望他比别人强，对吗？"

这时，原一平才恢复原来的坐姿，静静地凝视着中年妇女。中年妇女尽管明知道原一平的真正目的是推销保险，但他所陈述的理由句句说出自己的心里话，令她感动。

或许会有人认为这种推销手法太过夸张，或者是无法营造出上述那种扣人心弦的气氛。这些都不是重点，重要的是不管我们运用什么样的语言技巧，一定要配合上自己特有的肢体语言，主导整个过程的进行；不仅用嘴巴来说，还用手势、动作、感情、声音等来强化自己的说明。

1. 手的表示法

在进行推销时，肢体语言的主角是手，如果能好好利用手势，必能提高推销的效果。

几乎所有的推销员在向客户做说明时，都以手背朝上的姿势指引客户观看样品或说明书，这种手势可谓相当不妥，因为这样做就如同有所隐瞒。各位不妨想想，魔术师在表演魔术时，一定会向观众示意"手里并没有东西"，而让观众看他的手掌。

对推销员来说，给对方看手掌就表示坦白，因此，手指样品或说明书时，应当手掌朝上方为正确。而如果指小的东西或细微之处，就用食指指出，也是手掌朝上较好。

此外，为客人带路时，要说"请这边走"；指远处时，就说"在那一边"，如图2-1所示。

请这边走

在那一边

已经到极限了　张开手掌给对方看

图2-1　手的表示法

另外，在商谈中，假如对方说："喂，别那么小气，打五折嘛！"你回答："那怎么行，要是这种价钱，干脆我向您买好了！"也是如图2-1张开双手给对方看，拇指轻轻向内弯曲，以整个身体说话。

2. 视线应放在哪才正确

有不少推销员都曾面临商谈时不知要将视线置于何处的困扰，有些人是低头、视线朝下，而有些人却东张西望、视线到处游移，这些都不好。前者会给人个性消极忧郁的感觉，而后者则让人感到不够沉着稳重。

下面提供几点建议，不妨多加参考：

·与男性商谈时，视线的焦点要放在对方的鼻子附近；如果对方是已婚女性，就注视对方的嘴巴；假如是未婚的小姐，则看着对方的下巴。

·视线范围也可扩大至对方的耳朵及领结附近。

·聆听或说话时，可偶尔注视着对方的眼睛。

·如把自己双眼视线放在对方的一只眼睛上，就会使对方产生柔和的感觉；但如把双眼视线放在对方的双眼上，只有在结束商谈或有特别请求时才这么做。

3. 身体向前后摇动的肯定性动作

当我们做出点头的动作就是表示肯定的信号，而向左右摇动即表示否定的信号，由于我们在商谈时，都希望买方说"是"，所以这种点头或把整个身体向前后摇动的姿势，可以认为是一种催眠术。如果站着商谈，要将脚平行地张开，使身体尽量向前后摇动；假如是坐在椅子上，就不要让身体靠住椅背，以便于做此项动作。

一般来说，有些推销员会有否定性的动作出现，他们常不自觉或有意地向左右摇动着进行商谈，然后在结束商谈阶段，直接要求对方说："请你买好吗？"这么一来，原本对方有心购买的东西也无法成交了。

4. 眼神和姿态

·眼神

一对恋人在一起，双双一言不发，仅靠含情脉脉的眼神就能表达双方爱慕之意。推销员运用眼睛也可以发挥很大的作用。

直觉敏锐的客户初次与推销员接触时，往往仅看一下对方的眼睛就能判断出"这个人可信"或"要当心这小子会耍花样"，有的人甚至可以通过双方的眼神来判断他的工作能力强否。眼睛是心灵的窗户。

能否博得对方好感，眼神可以起主要的作用。言行态度不太成熟的推销员，只要他的眼神好、有生气，即可一俊遮百丑；反之，即使能说会道，如果眼睛不灵光或眼神不好，也不能博得客户的青睐，反而会落得"光会耍嘴皮子"的下场。

不少推销员在聊天时眼神柔顺，但在商谈时却毛病百出，尤其在客户怀疑商品品质或进行价格交涉时，往往一反常态目露凶光。

一本正经的脸色和眼神虽然有时也能证明推销员不是在撒谎，但是在一般情况下，一本正经往往容易伤害对方的感情而导致商谈失败。推销员不论如何强烈地反驳对方都必须笑容满面，如果不笑就无法保持温柔的眼神。在推销员的"辞典"里，没有嘲笑的眼神、怜悯的眼神、狰狞的眼神或愤怒的眼神等字眼儿。下面这些都是遭人反感的不当眼神：

（1）不正面看人。不敢正面看人可表现为不正视对方的脸；不断地改变视线以离开对方的视线；低着头说话；眼睛盯着天花板或墙壁等没有人的地方说话；斜着眼睛看一眼对方后立刻转移视线；直愣愣地看着对方，当与对方的视线相交时，即刻慌慌张张地转移视线；等等。

大家都知道，怯懦的人、害羞的人或神经过敏的人是做不成生意的，作为推销员哪怕只有那么一点儿毛病也必须立刻改掉。在和家人及朋友谈话时下功夫用眼睛盯着对方来进行训练，使自己能以平常心说话。

（2）贼溜溜的眼神。推销员如果有一双贼溜溜的眼神，那可就麻烦了。有的推销员因职业关系访问客户时有目的地带着一副柔和的眼神，可是一旦紧张或认真起来则原形毕露，瞪着一双可怕的眼，把客户吓一大跳。

有着贼溜溜眼神的人仅在从事推销工作时注意控制还不够，必须时时刻刻注意自己，使自己的眼神温和起来。

（3）冷眼。内心冷酷无情，眼睛也给人一种冷冰冰的感觉。有的人心虽然很好，可是两眼看起来却冷若冰霜，例如理智胜过感情的人、缺乏表情变化的人、自尊心超强的人或性格刚强的人等往往有上述现象。这种人很容易被人误解，因而被人所嫌弃，如果他是一位推销员则不会有成就。

上述人员应对着镜子，琢磨如何才能使自己的眼神变得柔和亲切及惹人喜欢，同时也要研究一下心理学。如果对自己的矫正还不太放心，可请教一下朋友。

（4）混浊的眼睛。上了年纪的人眼睛混浊是正常现象，但是有的人年纪轻轻的却也眼睛混浊充满血丝，这样的人给人一种不清洁的感觉，甚至被误认为此人的人格也是卑下的。对推销员来说这是非常不利的情况。

只要不是眼病，年轻人的眼睛本不会混浊。眼睛混浊往往是由于睡眠不足和不注意眼睛卫生，因此，推销员要注意睡眠和眼睛卫生。

（5）直愣愣的眼。访问用户时，环顾四周是件非常重要的事。眼不斜视且直愣愣地朝着对方的办公桌走去，是没有经验的表现。应该怎么办呢？首先，要环顾一下四周，视线所及的人（不要慌慌张张地瞪着眼睛像找什么东西似的东张西望，而要用柔和亲切的眼神自然地环视四周），近的就走上前去打个招呼，远的就礼貌地行个注目礼。

客户单位的干部、一般的工作人员，即使与你的业务并无直接关系，也要诚心诚意地向他们打招呼，这样不但可以提高你的声望，而且在某些情况下他们还会给你意想不到的帮助。

另外，和很多顾客说话时行注目礼也是很重要的，要一边移动视线交互看着全体人员的脸，一边说话。一般来说，大家比较注意发言多的顾客，而往往忽视了不发言的人，这就有点失礼了。对一言不发的人也要注意到，这样一来气氛就大不一样了。

·姿态

（1）不要一副奴才相。推销员谦虚是必要的，但不能一副奴才相。进入客户的办公室要挺直腰杆，即使深深地鞠躬，上半身也不要弯曲，礼貌地点一下头就可以了。此时双手要放松，自然伸直，不要显得拘束。

诚惶诚恐、猛搓手、点头哈腰，反反复复地行礼就是一副标准的奴才相。这样的人会被对方看不起，所以无法取得对方的信赖和友情。

（2）接待时，坐在接待室面谈，哪怕是初次见面也不要紧张。拘束会给对方不愉快的感觉，气氛也不容易融洽，若你身体舒适自然，紧张也就自然消失了。

初次见面时最忌讳跷起二郎腿说话，即使经常见面也不能如此，对方会觉得你没有规矩。两腿叉得太开也不行，尤其女性是绝对禁止的。

个头高大的推销员在同个头矮小的客户谈话时要有意无意地拉开一定的距离，如果离得太近，对方会有压迫感，所以要特别注意。

（3）背影。背影能表现一个人的精神状态和气质。有的人的背影给人一种孤独感，有的显得小心翼翼，有的则显得垂头丧气。

一位专业的推销人员必须充分认识到背影的重要性。你告别对方或对方送你离开时，他们会对你的背影打分的。

即使买卖没有成功，也要把你那沮丧的心情隐藏起来，要挺起胸膛，大大方方地离开。如果你告别时的表现不错，对方说不定下次会买你推销的商品。

在公司也如此，背影没有魅力的人，一般来说都没有出息，也不会被上司提拔。

5. 坏毛病

· 语病

有的人在说话过程中相同的词会反复地使用，时间久了，不知不觉就成为语病。

一位大学讲师，在讲话中老带"嗯——"这一口头语，有心人数了一下，30分钟内共有60多个"嗯——"。连传道授业的人都如此，何况是一般的人了。

口头语最多的恐怕是"嗯"、"这个"或"那个"等。虽然有些人对带口头语的人不一定会反感，甚至有时还觉得怪好玩的，但是大部分人都会觉得啰唆、幼稚，绝不会给予赞扬。

除此之外，还有"所以""总而言之""尤其是""可是""也是""绝对""必须""不""岂有此理"等口头语，上述口头语不管哪一种均很强硬、刺耳，也容易引起对方的反感。

这一类的口头语含有责备对方或大吹大擂的口气，因此很容易得罪对方，一旦得罪了对方，要消除对方的反感就需要很长的时间。

有些如"是啊""的确是那么回事"这种肯定对方意见的口头语是容易被对方所接受的，一般来说也不会引起麻烦，但像"可是""不""岂有此理"等否定性的口头语或像"总而言之""无论如何"之类吹毛求疵的口头语就很容易被对方误解。

你是否也有些不适当的口头语呢？如果有的话请早一点儿改掉，越快越好。

·神态姿势

（1）（脸稍低下）向上翻眼珠（的神色）。有的推销员看人不是正面地朝向对方的脸，而是两眼向上翻，窥视对方。他本来也许没有恶意，但对方却有不愉快的感觉，觉得你这个人"不怀好意"。

有上述毛病的推销人员必须立即纠正过来，因为那是一个致命的缺点。

对任何人都要两眼平视对方。

（2）害羞。有的人一和别人说话就羞得满脸通红，尽管自己也在想："我又不是个小姑娘，何必那么怕生？"但就是改不过来。

害羞的推销员如果说起话来也前言不搭后语或牛头不对马嘴，那问题可就大了。但如果说起话来照样有板有眼的话，害不害羞并没有什么关系。

客户往往认为害羞的推销员纯洁、正派，在商业谈判时说不定还会有利于你，给你可乘之机。在客户看来，这比起那些厚脸皮的人来反而有一种新鲜感。因此害羞的人不要急着改，时间久了也可能就不害羞了，随它去吧，不要太介意。

（3）高傲。有人在行礼时上半身不动，这样的人往往给人一种傲慢的印象，更有甚者在行礼时紧握拳头（像要打架似的）、耸起肩膀或身体整个往前猛地一挺，样子真有点吓人，好像是怕被别人瞧不起而强打起精神似的。有上述毛病者，一般来说是以年轻的推销员、公务员或从技术工作转来做推销工作的人员较常见。推销员就是要千方百计地推销商品，如果连打招呼行礼都不会的话，那他就没有资格做一名推销员。唯唯诺诺点头哈腰当然没有必要，但是对客户恭恭敬敬行个礼是绝对需要的。

（4）身体的某一部分神经质地颤动。有些推销员在与顾客谈话时就有类似的坏毛病。全身都颤动的人不多，有的是两腿抖动，或一条腿的脚后跟或脚尖像打摆子似的抖动；有的一边和对方点头一边抖动脸部的肌肉；有的人不停地将手掌张开合上没完没了；有的人则手指不知在忙些什么似的动个不停；还有人用指甲不停地在某一处磨来磨去像小姑娘似的。

这些往往是由紧张所引起情不自禁的动作，但是在对方看来总认为"这个人一定心虚"，会给人不好的印象。

如果你有意下决心改正的话，这些坏毛病是不难改掉的。

（5）大腹便便四脚朝天似的坐相。有一位推销员一次去拜访客户，面谈结束后对方把他带到一间豪华的接待室闲聊，正聊到起劲的时候对方不客气地说："你这个人太不像话了！"

他大吃一惊，再一看他的姿势——头枕在椅子上，两腿伸得很长，像躺在睡椅上一样。

"随便一点儿倒也无妨，不过你坐的姿势太难看了，屁股不要坐在椅子边上，要紧靠椅子的里面坐。"

这位客户还告诉他，即使对你最要好的朋友也要讲礼貌。为了不给对方不谦虚或没有教养的印象，一定要坐好，坐在椅子或沙发的里面，即背部紧靠后面，且不可贪图舒服像躺在睡椅上似的坐着。经这位客户的提醒，这位推销员把这个坏毛病纠正过来了。

常言道，"金无足赤，人无完人"。谁都有缺点，谁也都有坏习惯。但是，绝大多数坏习惯往往都是自己觉察不到的。你务必随时留意。

6. 肯定性动作与否定性动作

业绩不好的推销员或许是因常做出下列的动作而招致失败：

· 服装仪容给人散漫的感觉。

· 表情忧郁毫无笑容。

· 仅仅运用嘴巴而已。

· 偶尔叹息。

· 视线经常朝下，不曾注视对方的眼睛。

· 因脚跟离地而导致偶尔会摇晃身体。

· 向左右摇头做出"No"的动作。

· 在顾客面前抽烟。

· 几乎不做笔录。

用这种方式推销，与其说是推销，还不如说是反推销。所以，必须充分采用肯定性动作。

· 服装仪容要端正，给人良好印象。

· 个性开朗，经常面带笑容。

· 不仅嘴巴，也运用双手及身体运行商谈。

· 视线的方向正确，并偶尔注视对方眼睛。

· 时时露出笑容。

· 头向前点，表示"Yes"的动作。

· 脚跟着地，使身体稳定。

· 商谈中不抽烟。

· 根据必要做笔录。

千万不要轻视态度的重要性，下列即为有关态度的说法：

心态变，态度就变。

态度变，行动就变。

行动变，习惯就变。

习惯变，人格就变。

人格变，命运就变。

命运变，人生就变。

当时的心态在态度上表现出来，不好的态度是不良心态的展现，而好的态度也是良好心态的证明。

7. 以良好态度进行商谈

你有没有时常检视自己是以什么样的态度在进行商谈呢？如果你真有这种意识且这样去做，那便有资格称为职业推销员了。

下列即为检视自我的方法：

· 有没有伸直背脊？抑或驼着背？

· 视线放在哪里？是否低着头？

· 手是否放在固定位置？

· 脚跟有无好好着地？假如只是脚尖着地就会摇晃身体。

· 为使腰部安定，必须要坐满椅面。如果浅坐，脚跟就会离地。

· 是否认为服装仪表是态度之一而打扮得无懈可击？

· 笑容是最好的态度，是否经常使自己面带笑容？

· 推销员必须经常注意现在该怎么做，而你是不是这样？

· 把头和身体向前后摆动是种肯定性的动作，你有无这样和缓地向对方施展催眠术呢？

· 你有无以认真的眼神、肯定性的动作，充分地利用手、身体进行商谈？

为了使自己有一个良好的态度，请努力实行下列各点：

· 伸直背脊。

· 目光集中。

· 手要端正地放在前面。

· 使脚和腰部安定。

· 注意服装和仪表。

· 以笑容应对。

· 要提高注意力。

· 做肯定性动作。

· 采取热心态度。

◆ 提问有技巧

询问是一种如同在汤中加盐的沟通方式。

在面谈中，询问的目的主要就是了解准客户的需要，但恰当的、有技巧性的提问还应该起到引起准客户注意的作用。比如，你向准客户提问："您需要某某产品吗？"这种提问属于最原始的、直截了当式提问，它没有起到吸引准客户的作用，因而实践中推销人员应减少使用。

又如，汽车加油站的职员向顾客询问。如果他问："您需要多少升汽油？"顾客就会很随便地回答出一个数字，这个数字常常是很小的。但如果他这样问顾客："我为您把油加满吧？"面对这样的提问，顾客往往会说："好吧！"油的销售量会因此增加很多。

以上这个例子告诉我们，采用不同的询问技巧，推销的结果大不相同。

询问在面谈中起着极其重要的作用，你不但能利用询问的技巧获取所需的信息、确认客户的需求，而且能引导客户谈话的主题。询问是沟通时最重要的手段之一，它能促使客户表达意见而产生参与感。

◆提问的三个方向

人们购买商品是因为有需求，因此就推销员而言，如何掌握住这种需求使其明确化，是最重要的、也是最困难的一件事，因为客户本身往往也无法知晓，自己的需要到底是什么。

当你清楚地知道你要什么时，你会主动地采取一些动作。例如，你想要租一间套房，你会打开报纸，看看房屋出租广告。如果有适合的出租套房，你会打电话联络，然后去实地了解是否满意。这种需求我们称为"显性需求"，是指客户对自己需要的商品或服务，在心中已明确了解。你碰到这种客户，实在是运气好，因为只要你的东西适合他，就会马上成交。

相对于显性需求的是"潜在需求"。有些客户对自己的需要不能明确地肯定或具体地说出，往往这种需求表现在不平、不满、焦虑或抱怨上。事实上，大多数初次购买的准客户，都无法确切地知道自己真正的需求。因此，你碰到这类客户最重要也是最困难的工作，就是发掘这类客户的需求，使潜在的需要转变成显性需求。

发掘客户潜在需求最有效的方式之一就是询问。你应该在与准客户的对话中，借助有效地提出问题，刺激客户的心理状态。客户经由询问，而能将潜在需求逐一从口中说出。

1. 状况询问

日常生活中，状况询问用到的次数最多。例如"您在哪里上班？""您有哪些嗜好？""您打高尔夫球吗？"……这些为了了解对方目前的状况，所做的询问都称为状况询问。

推销员提出的状况询问，询问的主题当然是和你要销售的商品有关。例如"您目前投保了哪些保险？""您办公室的复印机用了几年？"等。

状况询问的目的是经由询问了解准客户的事实状况及可能的心理状况。

2. 问题询问

"问题询问"是你得到客户状况回答内容后，为了探求客户的不满、不平、焦虑及抱怨而提出的问题，也就是探求客户潜在需求的询问。例如，

"您目前住在哪里？"（状况询问）

"市中心商业街附近。"

"是不是自己的房子？"（状况询问）

"是啊！10多年前买的，为了小孩上学方便。"

"现在住得怎么样？是不是有不尽如人意的地方？"（问题询问）

"嗯，现在太喧哗了，马路上到处都挤满了人，走都走不动，实在不适合我们这种年龄的人居住。"

以上即问题询问的一个简单例子。问题询问能使我们探求出客户不满意的地方，知道客户有不满之处，你将有机会去发掘客户的潜在需求。

3. 暗示询问

你发觉了客户可能的潜在需求后，可用暗示的询问方式，提出解决客户不平、不满的方法，称为"暗示询问法"。

例如，

"地铁马上就要通车了，在中山大学附近，靠近珠江，在有绿地、空气又好的地方居住，您认为怎么样？"（暗示询问）

"早就想在这种地方居住了，只是一时下不了决心。"

你如果能熟练地交互使用以上3种询问的方式，客户经过你合理的引导及提醒，潜在需求将不知不觉中从口中说出。

专业的推销员如果无法探测出客户的潜在需要，将愧对"专业"这个字眼。

◆提问的两种方式

无论是状况询问，还是问题询问和暗示询问，都可以使用开放式提问法或关闭式提问法。

1. 开放式提问法

所谓开放式提问法，是指能让客户充分阐述自己的意见或建议的一种提问方法。开放式提问法的目的，就是让客户全面表达他的看法与想法，以利于推销员获取信息。表2-1对开放式提问有一个较为全面的描述，有助于读者更加全面地了解这一沟通技巧。

表2-1 开放式提问法

使用目的		开放式提问
取得信息范例	•了解目前的状况及问题点	•目前贵公司办公室间隔状况如何？有哪些问题想要解决？
	•了解客户期望的目标	•您期望新的间隔方式能达到什么样的效果？
	•了解客户对其他竞争者的看法	•您认为A厂牌有哪些优点？
	•了解客户的需求	•您希望拥有一部什么样的车？
让客户表达看法、想法范例	•表达看法、想法	•对保障内容方面，您认为有哪些还要再考虑？ •您的意思是……？ •您的问题点是……？ •您的想法是……？ •您看，这个款式怎么样？

2. 关闭式提问法

所谓关闭式提问法，是指让客户针对某个主题明确地回答"是"或"不是"的一种提问方法，见表2-2。关闭式提问法的目的如下。

·获取客户的确认

如："您是否认为每一个人都有保险的需要？"推销员在取得客户肯定或否定的答复后，再展开话题，有针对性地各个击破。

·在客户的确认点上，发挥自己的优势

如："您是否认为买房一定要找信誉好的房产公司呢？"获得客户对"信誉"要求的确认后，可接着介绍自己公司有关信誉的事例或制度。

·引导客户进入自己要谈的主题

如："您是否认为旅行过程中最重要的是安全？"将主题引导向旅游安全，客户同意旅游安全最重要后，推销员可说明公司基于旅游安全方面的考虑，对于住宿安排、交通工具等，都充分考虑到安全的问题，不是一般以低价格竞争的旅行社。

·缩小主题范围

如："您买这块表是送礼还是自己用？"得到客户答复后，将主题的范围缩小，便于交流与沟通。

·确定优先顺序

如："您买房子优先考虑的是地形还是价格？"

表2-2 关闭式提问法

使用目的	关闭式提问
获取客户的确认	●团队保险已成为一项吸引员工的福利措施，不知道陈处长是否同意？ ●您一定希望贵公司业务人员给客户的建议书，都能复印得非常清晰。
在客户确认点上发挥自己的优点	●陈处长希望空调机一定要安静无声，本公司推出的冷气机不但是分体式的，同时在安装上做了些防止振动的改良，能彻底做到超静低音。
引导客户进入你要谈的主题	●本市中心的办公室寸土寸金，我想陈处长在考虑选择复印机时，也会将复印机是否占很大的空间，作为考虑的一个重点吧！
缩小主题的范围	●您的预算是否在1000元左右？ ●您要的是稳健型的车？还是轻快型的车？
确定优先顺序	●您选择房子的地点是以您上班方便，还是小孩上学方便为优先考虑？

◆避免问不恰当的问题

在推销实践中，有一些推销员往往在面谈中向顾客提这样一些问题，比如"您还不做购买决定？""我们能否今天就达成协议？""您是否接受我的推销建议？""您买这种产品吗？"等，这些问题由于类似"最后通牒"的形式，因而往往使顾客感到尴尬。为了摆脱来自推销人员一方的压力，顾客会毫不留情地拒绝推销人员的建议。所以，在诱导顾客购买推销品的时候，不要向顾客发布"最后通牒"令。

从另一个角度看，这种提问也违反了销售心理学的一条规则，即要避免提出一些容易遭到反对的问题。以"最后通牒"形式问顾客意见，只会招致否定的答复。"我们再来谈一谈您要不要这个产品？"这样的提问，只能引起客户的反感："不，我现在不想谈。"

◆ 听出客户的心声

一位西方哲人说过："上帝给我们两只耳朵，却给我们一张嘴巴，意思是要我们多用耳朵听，少用嘴巴说，不逾越此原则，才不致违背上帝的旨意。"这就是说，我们对于别人的谈话要多加以倾听，对于推销员来说，更是如此。

倾听，即仔细聆听，它是面谈中促使客户做出购买决定的一个非常重要的手段。在与客户进行面谈时，不少推销员总是滔滔不绝，不给客户表达意见的机会，殊不知这样很容易引起客户的反感。实际上，倾听比谈话更为重要。依据专家提供的资料表明：任何一次面谈的成功，约有75%要依赖推销员倾听功能的发挥，而只有25%是依赖发问技巧来达成的。

面谈过程中把更多的时间留给客户，表面上看客户似乎是主动的意见发出者，而推销员是被动的意见接受者；前者掌握面谈的主动，而后者处于不利地位。其实心理学家经过大量的研究证明，"说"与"听"

两者相比，听者更为有利。原因很简单，在交谈过程中，听者思考的速度大约是说者的5倍，显然在问题思考上，倾听的推销员要比说话的客户更具有优势。在倾听过程中，推销员可以有充分的时间，对客户的真实需要、疑虑、问题进行准确的判定，及时捕捉各种购买信号。同时，善于倾听，投其所好，又能很快赢得客户的注意、兴趣和信任。

◆如何做到积极倾听

卡尔·鲁杰司为了改进人们之间的沟通，曾提倡"积极地倾听"。所谓积极地倾听是积极主动地倾听对方所讲的事情，掌握真正的事实，借以解决问题，并不是仅被动地听对方所说的话。

积极地倾听有3个原则：

1. 站在对方的立场，仔细地倾听

每个人都有他的立场及价值观，因此，你必须站在对方的立场，仔细地倾听他所说的每一句话，不要用自己的价值观去指责或评判对方的想法，要与对方保持共同理解的态度。

2. 要能确认自己所理解的是否就是对方所讲的

·轻轻地点头做出反应。推销员用这种方式表示自己正在听客户的话，有时轻轻点几下头表示对客户所传达信息的默许或赞同。

·推销员用目光注视正在说话的客户，不做任何动作，也不说话。这表明推销员正专心致志地倾听客户的话，并且对客户的话表现出浓厚的兴趣。

·推销员偶尔发出一点儿声音，用尽量少的言辞表示出自己的意思。这类词语一般有："我了解""嗯嗯""是的""是那样""很有趣"等。使用这些词语，一般表示推销员对于客户的话有所了解，或者表示同意客户的看法。发出声音也表示推销员正在倾听客户的话。

·推销员重复客户一句话的最后几个字，以表示对客户意思的

肯定。

3. 态度诚恳，不要打断客户的话

推销员在倾听过程中，不要插话，更不要打断客户的话。推销员如果打断客户的话，就会引起客户的反感。即便你根本不同意他的观点，或者你急于纠正他的观点，也要耐心地听完他的意见。听得越多，越能够发现客户的真正需要和主要的疑虑，从而有针对性地给予解决。

另一方面，你的插话会使客户完整的思路受到干扰，从而影响客户信息的充分表达。

所以，推销员在倾听时，一定不要随便打断客户的话，而做到这一点不是一件很容易的事情，它需要推销员有比较坚强的意志，控制好自己的感情。因为推销员在倾听时，直接面对的是客户各种不同的感受：激动、赞美、诉苦、抱怨、驳斥、责备、警告甚至辱骂等。推销员必须理智地对待客户的一切感受，不要被客户激怒；同时也要正确地、客观地分析这些感受，从中找到最有价值的信息。

◆善于倾听的5个方法

推销员倾听客户发言时，最常步入的误区是他只做出倾听的样了，内心却迫不及待地等待机会，想要讲他自己的话，完全将"倾听"这个重要的武器舍弃不用。听不出客户的意图、听不出客户的期望，这样的推销有如失去目标的箭。

推销员面对客户的发言，如何掌握倾听的技巧呢？可从下列5点锻炼您的倾听技巧。

1. 培养积极倾听技巧

站在客户的立场专注倾听客户的需求、目标，适时地向客户确认你了解的是不是就是他想表达的，这种诚挚专注的态度能激发客户讲出更多他内心的想法。

2. 让客户把话说完，并记下重点

记住你是来满足客户需求的，你是来带给客户利益的，让你的客户充分表达他的状况以后，你才能正确地满足他的需求，就如同医生要听了病人述说自己的病情后，才开始诊断一样。

3. 秉持客观、开阔的胸怀

不要心存偏见，只听自己想听的或是以自己的价值观判断客户的想法。

4. 对客户所说的话，不要表现出防卫的态度

当客户所说的事情对你推销可能造成不利时，你听到后不要立刻驳斥，你可先请客户针对事情做更详细的解释。例如，客户说"你公司的理赔经常拖延"，你可请客户更详细地说明是什么事情让他有这种想法。客户若只是听说，无法解释得很清楚时，也许在说明的过程中，他自己也会感觉出自己的看法也许不是很正确；若是客户说得证据确凿，你可先向客户致谢，并答应自己调查后将把此事的原委用书面形式报告给他。记住，在还没有听完客户的想法前，不要和客户讨论或争辩一些细节的问题。

5. 掌握客户真正的想法

客户有客户的立场，他也许不会把真正的想法告诉你，他也许会用借口或不实的理由搪塞；或为了达到别的目的而声东击西；或另有隐情，不便言明。因此你必须尽可能地听出客户真正的想法。

掌握客户内心真正的想法，不是一件容易的事情，你最好在听客户的话时，自问下列的问题：

· 客户说的是什么？它代表什么意思？

· 他说的是一件事实？还是一个意见？

· 他为什么要这样说？

· 他说的我能相信吗？

· 他这样做的目的是什么？

· 从他的话中，我能知道他的需求是什么吗？

· 从他的话中，我能知道他希望的购买条件吗？

你若能随时注意上述5点，相信你必定能成为一位善于倾听的人。

第三章　把异议看作是对自己的挑战

推销员会竭尽全力，不让对方口里的"不"字说出口；但是，推销员毕竟不是超人，即使是顶尖的推销大师也会碰到对方说"不"的情况。

常言道，碰到说"不"的钉子，推销员才能真的练出一身本领。这是使推销员反求诸己的原因！成千上万的客户每天都在说"不"，或许是习惯使然，或许因为懒散，或许也包含自我保护的因素。

没有任何事是绝对的，客户说"不"也一样，因为通常客户说的"不"是表示：我还有疑问，并未被说服。这样的客户，正是在寻求推销员的协助。

对方说的"不"，也有可能是基于某种异议或有所保留。客户有时对自己内心的保守态度是十分不自觉的，他其实并不能将自己的真实意图确切地表达出来，所以在情急之间就脱口而出：不！这样的客户，正需要推销员的帮忙。

还有说"不"的第三种原因：有些客户是心理上懒于面对新思想或新契机。他们的生活座右铭是："我们一向是这么做的！"这样的客户，正是在要求推销员的改变。

所以，说"不"，其实不是最终的决定，而是客户当时所能抓到的最强有力的借口，任何异议托词基本上都是问题的表示，在向推销员发出求救的呼唤！

富有创造性的推销员对客户异议大都抱积极的态度，他们把异议看作是对自己的挑战，是施展才能的机会。他们能够从客户提出的异议中，判断出客户对商品是否有真的需要，能了解客户对自己建议的接受程度，从而迅速修正自己的推销战术。

事实证明：一位推销员是否具有丰富而娴熟的处理异议技术，往往是推销能否成功的关键。

◆ 客户的6种异议

一般来说，客户异议主要有以下6种类型。

◆ 对自我的异议

自我异议包括：

（1）需求异议。客户自认为不需要所推销的商品，是客户对推销商品的彻底回绝。或者是对推销活动的彻底否定，即不需要商品。

（2）权力异议。客户以无权决定购买为由而提出的异议。

（3）财力异议。客户以无钱购买为由提出的一种异议。

这3种异议也是谢绝推销的借口，要特别注意弄清虚实，摸清客户是真话还是托词，区别对待。

◆ 对价格的异议

价格异议就是客户认为推销商品的价格过高，不能接受。讨价还价在推销中是经常碰到的。价格既影响企业的进货成本和利润，又影响到消费者的生活费用支出。因此这是大多客户所关注的，当客户提出价格异议时，往往表明已有了购买该商品的初步打算。

虽然每个人都会抱怨价格太贵，但是前几年美国《财富》杂志的调查报告指出，大约只有4%的客户在购买商品时只考虑价格，其余的96%都会考虑品质。近年来，我国人民的生活水准持续走高，重视商品品质的倾向也愈来愈强。

客户一比较就知道两个不同品牌的商品价格不一样，客户若不知道为什么你的商品较贵，当然会抱怨你的商品较贵，绝不是凭推销员"一分钱、一分货"的简单说辞就能改变的。客户若不能知道你的商品能带给他哪些利益，当然也会感到价格贵。

因此，价格的贵或便宜不取决于价格本身，而取决于客户觉得能从商品上获得利益的大小。例如，你将一张国债债券和一张卡通贴纸画让小朋友们挑选，恐怕没有小朋友会选国债债券。因为小朋友根本就不明白国债债券的价格。

价格的问题只是一个表象，当你接收到客户提出的价格异议的信息时，你的反应应该是还有哪些利益是客户所不知道的，我如何让客户了解更多的利益，而不是"一分钱、一分货""保证值得""实在不贵""用了就知道""保证不会让你后悔""保证你买了会再来"等空洞的话语。

再举一些例子，化妆品的推销员让客户相信能得到"青春永驻"的利益，健康食品的推销员让客户能得到"延年益寿"的利益，"青春"与"长寿"岂是价格能衡量的。这些例子是告诉我们，只有给更多客户认同的利益，才能真正处理好价格的异议。

我曾经到家具城想要购买一把办公椅子，看了一圈，向店员请教："那两把椅子价钱是多少？"他说："那个较大的是1800元，另外一把是2800元。"我再仔细看了一下问道："这一把为什么比较贵？我们外行看起来觉得这一把应该更便宜才对！"店员答道："这一把进货的成本就快2800元了，只赚你200元。"我本来对较大的那把1800元的有一点儿兴趣，但想到另外一把居然要卖2800元，这把椅子一定粗制滥造，因此，就不敢买了。

我又走到隔壁的一家，看到了两把同样的椅子，打听价格，同样的是1800元及2800元，我就好奇的请教店员："为什么这把椅子要卖2800元？"店员说："先生，您请过来两把椅子都坐一下比较比较。"我依他的话，两把椅子都坐了一下，一把较软，一把稍微硬一些，坐起来都蛮舒服的。

店员看我试坐两把椅子后，接着告诉我："1800元的这把椅子坐起来较软，觉得很舒服，反而2800元的椅子你坐起来觉得不是那么软，因为椅子内的弹簧数不一样，2800元的椅子由于弹簧数较多，绝对不会因变形而影响到坐姿。不良的坐姿会让人的脊椎骨侧弯，很多人腰痛就是因为长期坐姿不良引起的，光是多出来的弹簧的成本就要将近300元。同时这把椅子旋转的支架是纯钢的，它比一般非纯钢的椅子寿命要长一倍，不会因为过重的体重或长期的旋转而磨损、松脱。这一部分坏了，椅子就报销了，因此，这把椅子的平均使用年限要比那把多一倍。此外纯钢和非纯钢的材料价格会差到600元。另外，这把椅子，看起来不如那把那么豪华，但它完全是依人体工程学设计的，坐起来虽然不是软绵绵的，但却能让你坐很长时间都不会感到疲倦。一把好的椅子对经年累月坐在椅子上办公的人来说，实在是非常重要。这把椅子虽然不是那么显眼，但却是一把精心设计的椅子。老实说，那把1800元的椅子中看不中用，是卖给那些喜欢便宜的客人的。"

我听了这位店员的说明后，心里想到还好只贵1000元，为了保护我的脊椎，就是再贵2000元我也会购买这把较贵的椅子。

谈到这里，我反复强调的只有一个观念，处理价格的异议，只有让客户认同更多的"利益"。

在处理价格过高的异议上，有下列一些技巧可供参考。

1. 找出更多客户认同的利益

找出客户认同的利益，能将商品的价值提高，客户就能接受你的价格，例如，上例中椅子能防止脊椎侧弯，符合人体工程学的设计，坐久不会疲倦，纯钢的支架比一般的耐用一倍，只有利益累积的价量和价格一致时，客户才愿意支付你要求的价格。

能增加利益的诉求项目有：商品独有的特征及利益、好的服务体制、免费服务维修的保证年限、公司良好的形象、合乎安全认证资格的取得、品质管理认证资格的取得、利益及付出的代价。

2. 带给客户额外的效益

购买商品后带给客户额外效益的诉求，也能促使客户更接受你的价格，额外效益可从下面一些方向思考。

·节省费用

例如，这台传真机的速度比你原先的要快一倍，改用它后，你每日可节省大笔的国际电话费用。

·避免错误

例如，你使用这套会计结账系统后，以后结账再也不会因为计算的小疏忽，而耗费大量的时间、精力去修正账目。

·无形的效益

例如，使用后可提高员工士气，增加员工向心力，改善企业形象等。

·会员优待

例如，购买后就成为会员，以后再购买即可享受优惠的价格。

·免费信息

例如，你成为我们的客户后，以后有关化妆保养的任何问题，我们都有专人负责解答。

3. 排除客户的"疑虑"或"担忧"

客户若对你的产品或服务存有疑虑，自然对产品的价值打了折扣，因此排除客户的疑虑及担忧，也是创造了产品在客户心中的价值。例如有些客户害怕电脑会伤害眼睛，你告诉客户公司的电脑屏幕是暗灰色及绿色的底色设计，不但不会伤害眼睛，而且能减少眼睛的疲劳。

其他担心例如：售后服务不好，保险理赔是否真的能履行，品质是否稳定，小孩玩具是否安全，预售房是否准时交房……推销员对于客户所担心的方方面面、点点滴滴，都必须逐一排除，客户才会认同你的价格。

4. 把成本细分

例如上面椅子的例子，多花1000元购买一把较好的椅子，至少可坐3年，事实上每天只要多付不到1元。换一种算法是2800元的椅子由于材料较好，寿命较长，你把2800元除以使用天数后，往往发现比便宜不耐用的椅子还要经济实惠，这就是所谓成本细分。

成本细分后，能把客户的注意力从庞大的总数转到细分后的金额，使客户能更客观衡量他能得到的。

推销员若能活用上面价格处理的技巧，相信对客户提出的价格异议，必能成竹在胸，冷静、得体地应对，经由价格异议的处理而直接通往成交之门。

价格异议的处理的关键在于利益。因此，在客户没有充分认同推销员能带给他的利益前，不要轻易地陷入讨价还价的阵地战中。以目前的交易习性而言，客户要求折扣是难免的，若是推销员能让客户充分知道他能得到哪些利益后，"讨价还价"也许只是一个习惯性反应，推销员应对起来必更能得心应手。

记住，把握住客户的价格异议处理过程，这是通往成交的必经之路。

◆对商品的异议

商品异议是指客户认为推销商品不符合要求，或者认为推销的商品不是客户要购买的商品。商品异议是对需求异议的否定。某种商品客户是需要的，只是推销品不够理想。商品异议产生原因很多，包括对商品缺乏了解，购买习惯和偏见，等等。这种异议挑战性很强。

◆对服务的异议

服务异议是指客户对推销员答应的服务承诺不信任，或对其所代表的企业售后服务不满意，而不愿与之成交。

服务包括购前提供真实、可靠、及时的信息咨询，技术培训等；售中的包装、运输服务；售后提供技术指导，安装、维修及质量保证措施等服务。按现代的营销观念，服务本身就是产品的一部分，服务是有价的，即服务属于产品整体观念的第三层次——附加产品。服务的有价性，不仅表现在推销结果上，而且表现在推销的过程之中。

◆对货源的异议

货源异议是客户自认为不能购买推销员委托厂商的产品，也即是客户对推销品来自哪家企业或哪个推销人员而产生的不同意见。货源异议对推销员来说可能是真正的障碍，但是货源异议又说明客户对推销商品是需要的，也就是推销的曙光在前，仍有成功的希望。

◆对购买时间的异议

购买时间异议又称故意拖延，即客户认为购买时间未到而有意拖延购买时间的一种异议。一般而言，当客户提出购买时间异议时，往往预示着他想购买，只是想推迟时间。

上述6个不同类型的客户异议，又可分为三种：

1. 真实的异议

客户表达目前没有需要或对你的商品不满意或对你的商品抱有偏见，例如，从朋友处听到你的产品容易发生故障。

面对真实的异议，推销员必须视状况采取立刻处理或延后处理的策略，具体遵循规则见表3-1。

表3-1　异议处理

你对异议最好立刻处理的状况
• 当客户提出的异议是属于他关心的重要事项时
• 你必须处理后才能继续进行推销的说明时
• 当你处理异议后，能立刻要求成交时
你对异议最好延后处理的状况
• 对你权限外或你确实不确定的事情，你可承认你无法立刻回答，但你保证你会迅速找到答案告诉他
• 当客户在还没有完全了解商品的特性及利益前提出价格问题时，你最好将这个异议延后处理
• 当客户提出的一些异议，在后面能够更清楚证明时

2. 假的异议

假的异议分为2种：

·客户用借口、敷衍的方式应付推销员，目的是不想诚意地和推销员会谈，不想真心介入销售的活动。

·客户提出很多异议，但这些异议并不是他们真正在乎的地方，如"这件衣服是去年流行的款式，已过时了""这车子的外观不够流线型"……这虽然听起来是一项异议，但不是客户真正的异议。

3. 隐藏的异议

隐藏的异议指客户并不把真正的异议提出来，而是提出各种真的异议或假的异议，目的是要借此假象达成解决隐藏异议的有利环境，例如客户希望降低价格，但却提出其他如品质、外观、颜色等异议，以降低产品的价值，而达到降价的目的。

◆ 处理异议的有效办法

一些推销学家对客户异议处理活动进行了分析，总结出以下几种比较实用而有效的异议处理方法。推销人员只要对各种方法予以巧妙运用，就能有效地对客户异议做出恰当的处理，达到"谋求一致"。

◆换个话题

【范例】

当你拜访家电店的老板时，老板一见到你就抱怨说："这次空调机的广告为什么不找成龙拍，而找×××？要是找成龙的话，我保证早就向你再进货了。"

碰到诸如此类的反对意见，你不需要详细解释为什么不找成龙而找×××的理由，因为经销店老板真正的异议恐怕是别的原因，你要做的只是面带笑容，同意他就好了。

所谓"忽视法"，顾名思义，就是当客户提出的一些反对意见并不是真的想要获得解决或讨论时，这些意见和眼前的交易扯不上直接的关系，你只需面带笑容地同意他就好了。

对于一些"为反对而反对"或"只是想表现自己的看法高人一等"

的客户意见，若是推销员认真地处理，不但费时，还有旁生枝节的可能。因此，推销员只要让客户满足了表达的欲望，就可采用忽视法，迅速地引开话题。

常使用的忽视法如下：

·微笑点头，表示"同意"或表示"听了你的话"。

·"你真幽默！"

应用忽视法，推销员应注意以下几点。

第一，如果客户提出的异议情形并不严重，如果不予答复不会影响面谈的进行和成交的希望，则可采用此法，否则不可用。

第二，推销员心里虽然可以有对客户异议不理睬的念头，但其外表应泰然自若，若无其事，以免客户看出破绽，产生被人奚落的感觉。

第三，推销员当确定客户异议为真且不理睬会引起客户不满时，应设法转化消除客户异议，不能忽视。

◆给客户一些补偿

【范例】

客户："这个皮包的设计、颜色都非常棒，令人耳目一新，可惜皮料的品质不是顶好的。"

推销员："您真是好眼力，这个皮料的确不是最好的，要是选用最好的皮料，价格恐怕要再高出现在的50%。"

当客户提出的异议有事实依据时，你应该承认并欣然接受，否认事实是不明智的举动。但须记得，你要给客户一些补偿，让他取得心理的平衡，也就是让他产生两种感觉：

·产品的价值与售价一致的感觉。

·产品具有的优点对客户是重要的，产品没有的优点对客户而言是较不重要的。

这种处理异议的方法叫补偿法。

世界上没有十全十美的产品，若有，也会遭到价格过高的抱怨。客户购买产品，当然要求产品的优点愈多愈好，但真正影响客户购买与否的关键点其实不多，补偿法能有效地弥补产品既存的弱点。

补偿法的运用范围非常广泛，效果也很实际。例如，艾维士一句有名的广告"我们是第二位的，因此我们更努力！"这也是一种补偿法。客户嫌车身过短时，汽车的推销员告诉客户"车身短能让您停车非常方便，若你是大面积的停车位，可同时停2辆"。

◆打打太极

【范例】

经销店老板："贵公司把太多的钱花在做广告上，为什么不把钱省下来作为进货的折扣，让我们的利润能多一些？"

推销员："就是因为我们投入大量的广告费用，客户才会被吸引上门购买指定品牌，不但能节省销售的时间，而且还能同时顺便销售其他的产品，你的总利润还是增大了吧！"

太极法取自太极拳中的借力使力，澳洲土著的回力棒就具有这种特性，用力投出后，会反弹回原地。太极法用在推销上的基本做法是当客户提出某些异议时，推销员能立刻回复说："这正是我认为您要购买的理由！"也就是推销员能立即将客户的反对意见，直接转换成客户必须购买的理由。

我们在日常生活中也经常碰到类似太极法的说辞。例如，主管劝酒时，你说不会喝，主管立刻回答说"就是因为不会喝，才要多喝多练习"。你想邀请女朋友出去玩，女朋友推托心情不好，不想出去，你会说："就是心情不好，所以才需要出去散散心！"这些异议处理的方式，都可归类于太极法。

你可听到各行各业都在用太极法处理客户的异议。

·保险业

客户："收入少，没有钱买保险。"

推销员："正是因为收入少，才更需要购买保险，以获得保障。"

·装修业

客户："我这种房屋的格局，怎么装修都不好看。"

推销员："正是因为房屋格局欠佳，才需要装修，以修饰掉不好的地方。"

·儿童图书

客户："我的小孩连学校的课本都没兴趣，怎么可能会看课外读本？"

推销员："我们这套读本就是为激发小朋友的学习兴趣而特别编写的。"

太极法能处理的异议多半是客户通常并不十分坚持的异议，特别是客户的一些借口。太极法最大的目的，是让推销员能借处理异议而迅速地陈述能带给客户的利益，以引起客户的注意。

◆适当地反驳

【范例】

客户："这栋房屋的公摊面积的比率比别的大厦要高出不少。"

推销员："您大概有所误解。这次推出的华厦，公摊面积占房屋总面积的18.2%，一般大厦公共设施平均达19%，我们要比平均值少0.8%。"

客户："听说你们公司的售后服务总是姗姗来迟！"

推销员："您了解的一定是个别情况。对于这种情况的发生，我们感到非常遗憾。我们公司的经营理念就是服务第一；公司全省各地的技术服务部门都设有电话服务中心，随时联络在外服务的技术人员，希望能以最快的速度替客户服务，以实现电话叫修后2小时内一定到现场修复的承诺。"

不要针锋相对地反驳客户，因为针锋相对反驳客户容易陷于与客户争辩而不自知，往往事后懊恼，但已很难挽回。但有些情况你必须直接针锋相对反驳，以导正客户不正确的观点。例如：

- ·客户对公司的服务、诚信有所怀疑。
- ·客户引用的资料不正确。

出现上面两种状况时，推销员必须针锋相对地反驳，因为客户若对推销员公司的服务、诚信有所怀疑，推销员拿到订单的机会几乎可以说是零。例如保险公司的理赔诚信被怀疑，客户会去向这家公司投保吗？如果客户引用的资料不正确，推销员能以正确的资料佐证你的说法，客户会很容易接受，反而对你更信任。

使用针锋相对法反驳时，在遣词用语方面要特别地留意，态度要诚恳、对事不对人，切勿伤害了客户的自尊心，要让客户感受到推销员的专业与敬业。

◆欲进先退

【范例】

客户："这个金额太大了，不是我能马上支付的。"

推销员："是的，我想大多数人都和您一样是不容易立刻支付的，如果我们能配合您的收入状况，在您发年终奖金时，多支付一些，其余配合您每个月的收入金额，采取分期付款的方式，您看是不是压力就小了很多？"

人有一个通性，即不管有理没理，当自己的意见被别人直接反驳时，内心总是不愉快，甚至会被激怒，尤其是遭到一位素昧平生的推销员的正面反驳。

屡次被正面反驳，客户会恼羞成怒，就算你说得都对，也没有恶意，还是会引起客户的反感，因此，推销员最好不要开门见山地直接提出反对的意见。在表达不同意见时，尽量利用"是的……如果……"的句法，软化不同意见的口语。用"是的"同意客户部分的意见，用"如果"表达在另外一种状况是否这样比较好。这是一种以退为进，反守为攻的处理异议方法。

请比较下面的两种句法，感觉是否有天壤之别。

A："您根本没了解我的意见，因为状况是这样的……"

B："平心而论，在一般的状况下，你说的都非常正确，如果状况变成这样，您看我们是不是应该……"

A："您的想法不正确，因为……"

B："您有这样的想法，一点儿也没错，当我第一次听到时，我的想法和您完全一样，可是如果我们做进一步的了解后……"

养成用B的方式表达不同的意见，将受益无穷。

"是的……如果……"，是源自"是的……但是……"的句法，因为"但是"的字眼在转折时过于强烈，很容易让客户感觉到推销员说的"是的"并没有含有多大的诚意，推销员强调的是"但是"后面的诉求，因此，当推销员使用"但是"时，要多加留意，以免失去了处理客户异议的原意。

◆ 听懂客户拒绝的真意

推销员："这台29英寸的数码电视机，最能满足您视觉的享受，画面大又清晰，具立体声的效果，附有卡拉OK的装备，买下它能增加您生活的快乐。"

客户A："这的确是非常的不错，只可惜我不唱卡拉OK。"

客户B："你说画面清晰，但我觉得没有我们公司那台29英寸的看起来清楚，颜色也不太自然。"

客户C："29英寸看起来也没有多大嘛，跟电影银幕比起来还差得远，我宁可看电影。"

客户D："这台电视机的确不错，但价格实在太贵。"

客户E："这台电视的确不错，等我搬了新家再买！"

上面A、B、C、D、E5位客户提出的说辞都不一样，可是结果是一样的，他们没有买下这台29英寸电视机的意向。他们提出的理由有的是真的，有的恐怕是一种借口。例如，客户B可能发现自己无法购买而采取了攻击性的行为，客户C的说辞更是叫人难以接受，他的说辞带有伊索寓言中"酸葡萄"的味道。

我们先想一下，当客户决定购买一件商品时，可能的原因一定是"一看就喜欢了！""因为价格实在划算，不买就像吃亏一样！""因为很独特，很稀少！""朋友们都说不错！""适合自己的身份"……但若再进一步深入想想，你会发现基本上不管你认为的购买原因是什么，还是"由于有需要，所以才购买"，但为什么你讲出的购买理由却是其他的原因呢？

这是因为人们一旦觉得有必要、有需要、想购买的时候，会找出许多理由支持购买动机，当然有经验的推销员也会顺势找出支持客户购买的理由，并证明客户的决定是对的。

同样，客户不购买的时候，也会找一些其他的理由，但往往不会把真正的原因说出，此时客户的心理状态，可能会有下列动机反应。

1. 转移

客户虽然喜欢，但觉得贵而无法购买时，会自己说服自己。例如，目前产品更新的速度非常快，将来一定有更好、更便宜的产品，到时候再买，才真正划算！此时客户也许会告诉推销员说：目前没有需要或他不觉得该产品功能好，但事实上他是有需要的。

2. 攻击

有些客户会用攻击的行为，给自己也给推销员一个正当的理由。例如针对颜色、外观、格调、品位等较抽象、无基准可言的地方，表达反面的意见。

3. 补偿

补偿的心理就是一种自我安慰的心理。例如，前面所提"酸葡萄"的心理，又如客户买不起新的，会告诉汽车推销员，开新车太麻烦，万一有些碰撞，才教人心疼。事实上旧车使用到了一定时间经常出毛病，三两天一修，花费也不少，又麻烦，怎么可能真的比新车好呢？

4. 逃避

当推销员过度将他们的意志强加在客户身上时，客户在心理上会想"要买什么东西，我自己拿决定，你愈是要我买，我偏不买"。此时客户也会随便找一些理由，拒绝购买。

具有上面4种反应的客户，都不会说出不购买的真正原因，推销员若能了解这些客户的心理反应，冷静地读出客户真正的状况，就不会被客户误导到一些非真实的理由，而把时间、精力枉废在不可能有结果的异议处理上。

客户不购买虽然会因人、状况、产品而不同，存在负担过高或嫌价格过贵的问题，但基本上购买东西一定有其必要性。推销员若能洞悉客户真正的想法，能针对客户购买"必要性"下功夫及激发客户的购买欲望，才能反败为胜。

◆还需要考虑

"让我再考虑一下，再给您答复！"这也是推销员经常碰到的状况，最后，可能再也没有答复，或过了几天你打电话确认时，客户告诉你"抱歉！已选用别家了！"这些都是"让我再考虑一下"可能产生的结果。

我们简单回想一下，当客户告诉你再考虑一下时，你们彼此间是否已做了下列互动：

客户听了推销员的产品介绍，看了你做产品展示，评估了产品的价值及价格条件，同时考虑了自己的购买能力，做出了再考虑一下的决定。

俗话说趁热打铁，客户决定要再考虑一下，恐怕表示推销员加的热能不够，或推销员加热的方法仍有问题，导致客户的购买欲望仍未能达到高点，客户心中恐怕仍有疑虑，因此，推销员不能轻易地告诉客户"请多帮衬，等您决定"就告别客户，等候佳音。

此时，推销员需进行下面的努力：

1.礼貌地询问客户还要考虑什么

推销员必须要很诚恳地询问客户，是否还有什么担心的地方或不满意的地方。

例如，"王总经理，很抱歉，一定是我说明的方式不好，使得总经理还要再考虑，请总经理告诉我，您还要考虑的地方，我一定尽最大的努力，收集更详细的资料，供您参考。"

客户最后的考虑点，可能就是将来不购买的原因，因此，推销员一定要弄清楚。

2. 与客户共同解决问题点

探询出客户的问题点后，推销员要针对问题点与客户共同解决，这样你就能与客户站在同一条船上，剩下的问题只是如何共同将一些问题解决而拿到订单。

最终的决定权固然是握在客户的手中，但是一些成功推销实例中的各项决定，几乎都是由客户与推销员共同决定的，特别是最后的购买决定大都是在推销员与客户面对面的沟通中签订的。记住：尽量避免把最后的决定交给客户独自完成，特别是你不清楚他还要考虑些什么的时候。

◆没有需求

相信每一个人都有过以"不需要""用不着"的说辞，婉拒来拜访的推销人员的经历，若推销员无法有效地排除这种异议或是克服内心的受挫感，相信在推销的路上将寸步难行。

"很抱歉！我们目前不需要。"这是每位推销员都会碰到的异议。这种异议通常出现在两个阶段。

1. 接近客户阶段

在接近客户阶段，客户知道你的来意后，马上表明不需要，虽然客户同样都"不需要"，但代表的意义并不相同，你需要辨别。

·客户预设防线

客户在潜意识中怕轻易地被推销员说服或若表现出有需求的样子，让自己谈判的筹码降低或担心推销员的强迫推销，因此，不管是不是真的没有需求，反正先表明没有需求，再看推销员会有什么说辞。

此时推销员要做的是想办法能继续交谈，以确认并唤起客户的购买需求。推销员可用下列的方式如：

例1："王先生，在我还没有给客户看过这份资料前，大多数的人都和您一样认为没有需求，是否容我向您简要地介绍一下关于……"

使用时推销员必须确认，准备的这份资料能引起客户的关心及注意，有机会从资料的沟通过程中掌握客户的需求。

例2：王先生："你来推销复印机啊！我们不需要。"

推销员："王先生，贵公司目前需要复印时是否都拿到外面去印？"

王先生："隔壁就有复印店，叫员工去印方便得很，我们复印量少，不需要花一笔钱买复印机。"

推销员："的确很方便，但有些机密性的资料，不能总是让员工去复印，我想您也许不需要一下花那么多钱买一台复印机，但您可采用租用的方式，每个月只要付少许的租费，就如您每月付给复印店一样，却能更方便地满足您复印的需求……"

本例是使用询问法，确认客户有复印的需求，进而向客户提供另一种方式满足这项需求。

总之，面对这类的客户，推销员必须要能巧妙地争取交谈的机会，确认并唤起他的需求。

·客户不想多谈

客户另有重要的事情或在心情不佳的状况下，心里不想多谈时，也有可能以不需要为借口，迅速终止谈话。此时推销员可主动地伺机告退，如："很抱歉，我们这次资料准备得不够充分，下次再向您做详细的报告！"，并另选时间再次拜访。

·客户目前真的没有需要

当推销员经过多次确认需求，客户每次都以目前没有需求回应时，可能代表客户真的没有需求。

2. 商谈途中

商谈途中，客户才告诉推销员不需要，此时通常也有几种原因让客户提出"不需要"的说辞。

·客户对商品觉得不适当。

·客户对推销员本人不信赖。

商谈途中客户提出不需要时，此时"不需要"的原因必然不是单纯的借口，一定有特殊原因。因此，此时最佳的解决途径是找出真正的原因，提出解决的对策，而不是找出客户说辞上的矛盾之处，想要以理服人。

推销员可用询问法坦诚地向客户请教出真正的原因，针对原因，再行处理。处理时要站在客户的立场考虑，提出客户能接受的方案，以争取最后的成交。

理论上，当人们没需要时自然不会采取购买的行为，因此，处理"不需要"这个异议的处方必然是唤起客户的需求。但在技巧上，推销员必须能争取唤起客户需求的机会。因此，不管客户口中的"不需要"是托词或是真的，重点是推销员必须准备好一些说辞或方法，借以唤起客户需求。

◆经济能力不允许

客户喜欢以"没钱""买不起""没预算"来拒绝推销员的推销，因为客户知道推销员永远无法证明客户说的是真的还是假的。正因为如此，推销员碰到这个异议时更不应该有受挫的感觉，可大胆地运用一些异议处理的技巧突破这项异议，继续进行推销。

用"没钱"当作异议的客户分两种，一为真正的没钱，另一种为推托之辞。

若客户连续多次都以没钱为理由而令推销员无法进行推销时，恐怕此时推销员必须另觅他法，因为客户可能是真的没有能力负担得起推销员提供的产品及服务。

若客户是推托之辞时，推销员可用下列方式，继续进行你的推销。

例1：推销员："就是没钱，所以您更需要保险，万一发生不幸变故，有钱人是有能力应变的，没钱的人就必须要靠保险这种制度，帮助您渡过难关。"

推销员："张老板，就是因为没钱，所以您更需要销售这项能帮您赚钱的产品。"

以上是用太极法处理没钱的异议。

例2：推销员："陈老板，您说没钱，真是会开玩笑！您若是没钱的话河里都没沙了！"

推销员："像陈老板这种地位的人说没钱，那么我们早就没饭吃了！"

推销员："您不用担心钱的问题，我们有各种付款的方式，配合您的经济状况，绝对让您付得非常轻松、没有压力，若是您选择了我们的产品，您将能得到这些利益……"

以上是以退为进法，处理没钱的异议。

上面提出的例子，都是处理客户提出的"没钱"这项异议时可考虑采用的，目的是软化客户的拒绝心态，而能暂时地化解客户的这项异议，进而能将推销员的推销导入正常的推销程序中。如果客户能认同产品带给他的利益，"没钱"这项异议，自然不再成为托词或借口。

虽然没有预算，但当推销员推销的产品确实让客户感到"物超所值"，确实能解决客户的问题时，在一般私人机构是否有预算将不是最重要的因素，因此，不要一下就被"没钱""买不起""没预算"的说辞击退。

不要松懈了推销意志，让客户了解推销员带给他的价值，找出客户能负担的底线，再决定推销方法。

◆抱怨隐藏着需求

推销员也会碰到一些客户以前使用过公司的产品，但很遗憾该产品带给客户非常不好的印象的情形。当客户抱怨以往的状况时，推销员必须谨慎应对，才能化危机为转机。

当客户提出抱怨时，千万不要以不清楚、不太可能吧，别的客户都没有这种情形，我们公司保证不会发生这种事情等消极否认的态度对待客户。面对客户的抱怨，推销员应接受客户的抱怨，站在客户的立场，替客户感到委屈。

能向推销员抱怨的客户，多半对公司仍抱有期望，否则他根本不需要花时间听推销员说明产品的状况，并抱怨以前的不满。因此只要推销员能善加处理，再取得订单也非难事。

为了化解客户的心结，推销员一定要掌握住引起客户抱怨的真正原因，针对这些原因在推销过程中要特别地让客户安心，也要特别留意不要再给客户带来同样的困扰。

从另一个观点来看，找出真正的原因能缩小客户的抱怨范围，对推销员的推销也有很大的帮助。例如，推销员用询问法问客户是对产品不满，还是对服务不满？客户告诉你是对服务不满。此时，推销员可得到一个信息是客户对产品还是满意的，因此，推销员能迅速测试出公司在客户心中的分量，同时也让客户从情绪上对公司全部的不满，理性地缩小至对某个服务不满。

推销员可交互使用开放式及关闭式的询问法，找出客户不满的原因，并加以妥善的处理，举例如下。

例：推销员："王经理，您是否能让我知道，是什么原因让您对我们那么不满意？"（开放式询问）

王经理："你们的服务太差！"

推销员："是服务太慢呢？还是服务人员态度不好？"（关闭式二选一询问）

王经理："服务太慢了，全公司都在等你们服务员把机器修好！"

推销员："王经理，真抱歉！真的很抱歉！那段时间，由于公司服务人员对薪水不满而有大批人员离职，造成临时性服务人力不足，其他的公司也对我们提出严重的抗议，我们都不敢开发新的客户了，真是很抱歉！经过这次教训，敝公司对服务人力方面已经彻底改善了，若是不能改善，我也不敢向客户推荐产品呀。"

有抱怨的客户才是真正有需求的客户，面对这些客户，只要推销员能耐心地化解抱怨，他就能成为你最忠诚的客户。

第四章　推销从被拒绝的时候开始

　　推销业界流行一句话，那就是"推销从被拒绝的时候开始"。到一家新客户那里访问如果被拒绝后，千万不能泄气，必须安排一个时间再访问。要想拿到对方的订单，必须不断地努力，单凭一次的访问是难以奏效的。

◆ 如何再次拜访

◆巧用问候函

　　贺年卡、E-mail、短信息，都是一个不错的"敲门砖"，即使是对你粗暴拒绝的客户，你也要献上这一份温暖的心意。

　　很久没有联络的客户，如果还希望突破拒绝，就赶快致以问候吧！诚挚的问候用语是最理想的。

　　科学技术的发展，使我们离传统的信函越来越远。不过，大多数人的内心还是怀旧的，所以一封充满诚心的信函更能发挥强大效力。不过，可不要去抄袭书信大全，因为这种东西早已满天飞舞，且太空洞了。坦诚地和客户沟通，诚心诚意地希望有机会能为客户服务……选择一些直率的用语。切记，千万不要写些晦涩难懂的文字。

不用信件，一张风景明信片，也是很有效力的。"旅行的时候还挂记着我，多感动啊！"收信人往往会有如此的感触。

总之，时间愈久就愈难启齿。至少用一张明信片、一个短信息、一个电话，坦诚地表达诚心问候之意。"明天一定写！最近一定找时间打电话！"稍一犹豫、拖延，事情只会变得更困难。想到就做，才是专业的风范。

无论是有心或是无意的疏远沉默，都令人心寒。"即知即行""为善不落人后"，这些都是先人的体会，我们应该吸取前人的经验，永不忘记。

每天挂在口边的"顾客至上"，难道是假的？怎能疏于访问或久无音信呢！好好学习推销专家的风范吧！

◆不妨直接再访

明信片访问和电话访问毕竟只是单点式的接触，直接前去拜访不是更好吗？

"好一阵子没有联络了，再去直接拜访，确实怪不好意思的。"千万不要有这种念头，去吧！面对面的商谈才是最有效的。

温馨的问候和恭敬的用语，是很重要的。灵巧的小礼物也是少不了的，客户的喜好不能不知道。

对客户保持一份善意的关怀，可以使交涉更为顺畅。拜访许久没有往来的客户时，注意察言观色，适时告辞，切忌死赖着不走。如果对方强留，当然可以多待一会儿。当客户谈得兴致正高时，不仅要倾听，更要表示颇有同感，以产生共鸣。别只是在那儿猛点头，积极而适时地提出疑问，更有意想不到的效果。人们对倾听、共鸣的人，很容易打开心扉。同样，绝对避免中途打岔或专挑语病。

吃闭门羹时，还是要恭敬地告辞离去。气愤地动粗口，等于自己抽自己的耳光——说不定还真会招来耳光。礼貌地告辞，有的时候客户反而会觉得不好意思。

忍耐、忍受、容忍，也是非常重要的条件。当客户不在或忙碌的时候，别忘了留下名片或留言。

◆请上司一同拜访

拜访久未联络的客户时，如果对方的反应冷淡，不妨在隔几天之后请上司一同前往。连上司都出马了，客户觉得自己身价不凡，自尊心得到满足，成交可能性自然大多了。特别是对于傲慢的客户，这一招挺有效果。

与上司一同拜访时，不妨学学上司的应对方式，也可以趁此机会见到平常不易碰面的客户负责人。

交谈之妙、商谈之契，在于微笑。轻松的气氛是很重要的。卑躬屈膝的时代已经过去了，滔滔不绝、逢迎谄媚的态度只会引起反感，无异于自掘坟墓，而且有失自尊！

推销员，是一种需要忍耐的职业。被拒绝，再访问；态度冷淡，还是要再继续访问。一而再，再而三地试图说服客户。销售成功的过程，从来摆脱不了这个模式，每一个推销成功的个案背后，都有推销员数不清的汗水。

◆找到客户的弱点

时代不断进步，大量信息的集束轰炸使客户有更多的选择，卖方也不断地推陈出新，竞争愈来愈激烈。在这样的时代，推销员还能一成不变的套用老招吗？该动脑筋，想办法提高销售效率了。

每一位客户都有软肋——即弱点。找到软肋，就找到了进攻的点，而且效果特别好。可惜的是并没有多少推销员真正懂得如何运用，大多半途而废。

譬如，最爱谈孩子、以妻（夫）为傲、对外形颇有自信、以能力自傲（每个人都有自负的地方）等，不胜枚举。老掉牙的奉承迎合，只会事倍功半，只有客户觉得推销员是由衷地感叹共鸣，效果才大。

新时代的推销员，必须具备逼真的演技。

1. 问题点

头一回到客户那里访问并不难，但是再次去访问就不那么简单了。为什么这么说呢？这并不是说第一回访问很容易，而是说到一个从来没去过的公司访问或推销产品固然很伤脑筋，但是一旦被对方拒绝后再去访问则需要更大的勇气和技巧。

推销员到客户那里访问被拒绝是常有的事，为了能拿到一份合约多跑几次也是理所当然的。第一次被拒绝，这家客户也不一定就认为你不会再来，如果你踌躇不敢再去，那就谈不上是一位合格的推销员。

问题是如何才能在第二次访问后取得交易的成功。

面对仅打过一次交道、见过一次面、相互不太熟悉而且又让自己吃了闭门羹的客户，怎样才能打破僵局而取得成功呢？这就是继续访问的重点所在。

2. 持久战

一两次就谈妥生意的事情，毕竟是不多的，一般情况下必须制定长期战略。有两种情况可作为例外：一是用一次即没有下一次的产品；二是价格昂贵的对方公开招标选择的产品。

制定持久战略应注意些什么问题呢？

交易成功关键的一招就是要能使对方喜欢你，除此之外别无他法。在你公司产品的品质、价格及其他条件与别的公司差不多的情况下，只有对方特别喜欢你才会购买你的产品，不过要做到这一点不容易。

和男女之间恋爱一样，客户对推销员有时会加以考验。访问一次、两次一般来讲达不到目的，只有常来常往才会逐渐地对你发生兴趣，并进而信赖你、喜欢你，以至于佩服你。不动脑筋只是随便地应对客户就是花上几年时间也不会取得效果，对方最多也只能以平平淡淡的态度来应付你。

那么让客户喜欢你的秘诀是什么呢？

首先要喜欢对方，只想让对方喜欢你是自私的想法。

人，无论是谁都有长处和短处，客户也是一样。无论哪一位客户都有一些短处。如果你心眼里老想着对方的短处，即使表面上不表现出来，也总会不知不觉地流露出来，这样一来就会给对方一种不好的印象，就不会对你产生好感，更谈不上喜欢你了。

相反，如果你心里觉得对方什么都好，那么你的这种心理就会不自觉地表现出来，而且表现得很自然，使对方感到很舒服，这样一来，对方对你也就会怀有好感了。

有鉴于此，请你把对客户的坏印象通通抛到九霄云外。当你心里涌出想指责对方的念头时，那就请你马上直视对方的双眼。这样一来，那种想指责对方的念头马上就会消失掉，你也会心平气和起来。

要尽量赞赏对方的长处，只要你所赞赏的有根据，即使言过其实一点也不会显得不自然。对方听到你的话之后心里一定很高兴，这样一来相互之间的感情就立刻融洽起来，接下来的事情就好办多了。

只有你先喜欢对方，对方才会喜欢你。这是达到使对方喜欢你的必经之路，同时也是最短的路径，因为对方是你的一面镜子。

3. 注意事项

再次访问与初次访问有其不同的准备方法及注意事项，主要有以下两个方面。

（1）要更开朗一些。"已经说过不订你的货，怎么又来了！"再次访问就是在这样尴尬的处境下，不是应邀而来而是自己硬着头皮找上门的。鉴于客户抱有成见和警戒的心理，你要以比第一次访问时更开朗的心情和对方接触。若你准备不足，情绪则会立刻消沉下来，所以与初次访问相比，心情要更开朗、更放松一些。

通过第一次访问，对对方的性格、兴趣及嗜好已有所了解了。再次访问之前要主动准备一些适合对方性格兴趣及嗜好的话题。面谈时要尽量回避对方不喜欢或不开心的话题，使对方先入为主的想法——"那小子一定是副垂头丧气的样子"（因上次来时吃了闭门羹），转变为"这小子看来还挺开心的"。

（2）访问过程要具有弹性。初次访问时若毫无结果时，这次访问应改变策略，以闲谈聊天为主。在时间方面，除非对方诚心诚意地说"咱们慢慢谈吧，不必急着回去"之外，一般来说要速战速决。不仅是再次访问，其他情况也是如此，即使事先约定的时间比较长，但看到对方很忙，就要知趣地早一点儿告辞。相反，若约定仅和对方见一见面即可，但对方有兴趣想多交换一下意见时，不妨多待一会儿。道理虽很简单，实际上不少推销员就做不到这一点。

和客户接触绝不能光凭自己的热情或站在自己的立场上看问题，必须把握对方的心理，顺应对方。作为一名专业推销人员必须融会贯通。

再次访问的内容不仅是推销产品，还要千方百计地"推销"自己，使客户买你的账或对你抱有好感，进而达到推销产品的目的。

如果对方推说正在接待来访者或正在开会不能接待时，你就要诚恳地对接待人员说："下次请给我一个见面的机会，哪怕时间很短也行。"如果你真的是诚心诚意的话，接待人员一定会将你的意思转达上去的。

◆再访的注意事项

1. 记录和反省

第二次访问一结束，立即将有关情况进行记录并整理成书面资料。这一次的书面资料应和第一次访问时的资料进行对照比较，将不同之处标出来。

另外，每次访问都必须认真地反省一下自己的态度、发言是否有不妥当的地方，并在记录簿上用不同颜色的笔或者用比较大一点儿的字醒目地加以注释，并以此拟订下一次访问的方案。

就是这样三次、四次……为取得交易上的成功，耐着性子继续访问下去。

2. 以闲谈为主

在与对方面谈过程中以闲谈聊天为主，直到时机成熟能够顺利地与对方进行商业谈判的时刻为止。每一次访问，对方对你是越来越亲密，还是越来越厌烦或敬而远之，这主要取决于对方是否对你的言行有好感以及是否听得津津有味。

闲谈过程中没有必要装腔作势或玩弄假惺惺的那一套，而是要预先准备有意义且新颖的话题，使对方觉得有趣，越听越爱听，为此请你连续不断且紧紧地掌握对方的"脉动"。不过，闲谈过程中不仅是为了加深感情，还要——

（1）观察对方。闲谈的话题从报纸的社会要闻到杂志上刊登的封面女郎照片等什么都可以谈，且要不断地变换话题。这样一来，对方的思想、性格、兴趣、嗜好等即可逐步地弄清楚。请注意，不要被对方的假象所迷惑，外表看起来挺和蔼的人实际上可能相当固执，板着一副严肃且正人君子面孔的人也可能是特别好色的伪君子。

推销员要一边与对方闲谈一边细心地察言观色，这样可搞清楚对方讨厌、忌讳的言行及容易使对方喜欢的接触方式，并以此修正今后访问时的措辞和交际方法等。此外，弄清楚对方喜欢吃什么，下次再来时带的礼品或宴请时即可采取使对方满意的措施。

（2）刺探情报。最想知道的情报莫过于客户与正在进行交易（供货）厂商之间的关系，尤其是相互间的紧密程度。此外，对其负责的经办人员的人品、能力也要探听清楚，其目的不外乎采取相应的措施以击败对方，并从其手中夺取市场。话虽这么说，但若明目张胆露骨地追问这些内幕消息是绝对不允许的，应采取旁敲侧击的战术。

例如，"贵公司的供货厂商——A公司发展很快啊！""A公司的经办人员可比我能干，能说善道又技术精通……"你这么一问，很可能就会勾起对方的话题："哪里！哪里！并非如此！"此时再赞美客户本身："贵公司真是经营有方啊！难怪生意兴隆，真叫人羡慕啊！"

接着可进一步追问："贵公司的采购大权您是一手在握啰，真了不起啊！""哪里！我只不过是跑腿的，一切都要经×经理点头认可，我算老几呀！"这样一来，采购业务的决策性人物就被你探听出来了。

上述情报对今后的工作非常有帮助。对上述情报要进行深入的研究，尤其是对其关键人物要进行认真的分析。

3. 当对方下逐客令并表明要你不要再来时

一些不打算订货的客户有时对来访的推销员下逐客令并表示希望今后不要再来了。有的会直截了当地说："不管你来几次也没用，我们不想订货，你下次不要再来了！"有的则会比较婉转地说："要货时我会给你打电话的，你不要老是跑过来了。"

对于满腔热情的推销员来说，上述情况不能不说是一个沉重的打击，尽管如此，如果垂头丧气地扭头就走可就不高明了，"干脆另找门路嘛！何必在一棵树上吊死"等想法也非上策，要知道别的客户也可能如此。别着急，还是有办法的。

譬如，"生意方面的事情就此作罢，但请允许我能经常来向您请教"，借此取得自己下次再来的机会。这样一来，对方是否可能会把禁止你再来的话收回呢？我看很有可能。只要继续访问就有做成买卖的机会，因为情况是在不断变化的。

4. 采取所有的必要措施

当有成交的可能性，但对方非常难对付或一时无法攻破其心理防线时，必须采取所有的必要措施。此时在兴趣与爱好上采取攻势将特别有效。

例如，当对方喜欢玩围棋、象棋、麻将、乒乓球、羽毛球等时，如果你也会玩，就主动地提出和对方杀一盘的要求；如果自己不会玩，就主动地请教对方一些基本技巧。要是对方不肯教，那你就厚着脸皮再三地请求对方。

还有绘画、雕刻、摄影、音乐等，对方喜欢哪一种你就和对方谈哪一方面的话题。你可一边向对方提这一方面的话题以示请教，一边耐心地听对方所发表的高见，即使对方连说一个小时你也要像小学生听老师讲课一样地洗耳恭听，这样对方就高兴了。你可进一步邀请对方一起到外面用餐，这样你的机会就会大增了。

兴趣爱好方面的交际可使对方放弃工作，忘记交易上的警惕心理。若你手段高明或能投其所好的话，即可赢得对方的"芳心"。

赠送礼品有时效果也很好，但是只有确信对方会高兴地收下才可实施，如果礼品被对方退回来则会适得其反。请注意，送礼时不要忽略了与采购部门有关的有发言权或有决定权的人物。

书信、电话也是说服对方的一种战术，特别是充满热情的书信，在推销活动中往往能发挥重要的作用。除此之外方法还很多，应根据不同情况认真地思考，找到认为效果很大的方法之后，就要毫不犹豫地去实施。

还有，不仅要在负责采购的经办人员身上下功夫，还要设法接近其上司、同事，争取能和他们交上朋友，这样可提高你的身价。这是很重要的事。

◆ 建议书是无声的推销员

建议书是无声的推销员，它能代表推销员同时对不同对象进行推销，突破了时间与空间的限制；它是推销过程的全面汇总，也是客户取舍评判的依据。特别是在推销员再次拜访客户时，能发挥巨大的作用，是推销员不可多得的好帮手。

◆收集资料

撰写建议书前，先要准备好撰写建议书的资料。这些资料是从推销准备开始时推销员就应留意的。因此，建议书的资料取自推销、询问调查、展示说明等过程中，推销员对客户的了解及对客户的影响是建议书成败的主要因素。

撰写建议书前应收集以下资料。

1. 把握客户现状的资料

例如，保险推销员要知道客户：

· 目前参加了哪些保险。

· 年龄。

· 家庭人口数。

· 子女的年龄。

· 职业状况。

·收入状况。

·身体状况。

2. 正确分析客户感觉到的问题点或想要进行的改善点

找出客户对现状感到不满的地方，若你的推销对象是公司，可以收集各个使用人员对公司现状的意见。

知道了客户对现状的不满意点，你就能想出改善的方法。

3. 竞争者的状况把握

推销员要努力掌握住竞争者介入的状况、竞争者可能带给客户的优缺点，以及提供给客户的各项交易条件等。获得竞争者的情报，推销员在做建议书时就能制定出针对竞争者的推销对策，凸显自己的优点，协助客户做正确的选择。

4. 了解客户公司的采购程序

推销员了解客户公司的采购程序，才能知道建议书的传递对象，同时能把握建议书是否赶在编列预算前提出，以获得预算的计划。

5. 了解客户的决定习惯

有些客户做购买决定时，习惯收集很详细的资料，事无巨细。有些客户习惯于重点式资料，而要求推销员到场对建议书进行口头说明。因此事先了解客户购买决定的习惯，推销员才能做出合乎客户口味的建议书。

◆撰写技巧

建议书的撰写技巧能帮助推销员达成建议书的目的。建议书是一个沟通的帮手，它的最终目的是希望获得成交。

如何能让客户看了建议书后心动呢？建议书要能满足两个条件。

1. 让客户感受到需求能被满足，问题能获解决

客户花钱进行购买行为时，一定是对现状不满或想要改善现状。

当客户心里有了这种想法，正在进行调研时，如果推销员能及时地提供给客户一套适合于解决客户问题的建议方案，无异于帮了客户的大忙。

如何才能提出上面这种建议方案呢？关键是建议书能正确地分析客户的问题点。

2. 和承办人、承办单位主管、使用人、预算控制部门、决策者做有效沟通

一份建议书不一定会完全经过这5种人过目，这里以这5种人作为例子，提醒推销员在撰写建议书时如何和这些对象做有效的沟通。

·承办人

负责承办的人是代表公司和推销员沟通的第一线人员，他扮演的角色往往要能替推销员向公司的上级人员解释说明产品的特性、效用、能改善多少现状、能提高多少效率等。因此，承办人希望对各种细节都能获得充分的信息。所以，推销员撰写建议书时，对各项细目部分要严谨，不得有破绽，可以用附件的方式补充说明，务必让承办人能回答上级可能提出的任何问题。

·承办单位主管

承办单位的主管多半对琐碎的细节无暇过目，并且以主管的立场而言，他对结果较注意，至于导出结果的细节，他授权给承办人员去审核。因此，建议书中的"主旨""目的""结论"是承办单位主管关心的重点。推销员在撰写建议书时的"主旨""目的""结论"要能满足承办单位主管的需求。

·使用人

对使用人而言，建议书撰写的重点是针对使用人提出的现状问题点及希望改善的地方，详细地说明采用新的产品后能解决他们的哪些问题。

　　·预算控制部门

　　预算控制部门人员关心的重点是费用是否合乎预算。因此，关于费用部分，推销员在撰写建议书时，务必清楚明确地交待各项费用状况，并以清楚的报表汇总各细目，让他们能一目了然。

　　·决策者

　　决策者关心的重点有两项，一为效用，一为优先顺序。

　　决策者位处公司的高层，他的判断点多为产生的效用对公司的营运有哪些帮助。假如你的产品对增加效益很有帮助，决策者就能认同这种效用。

　　另外，优先顺序也是决策者判断的重点，因为决策者是以公司全盘角度思考事情，面对的往往不是单一事件。因此，他会权衡完全不相干的两件事情，而做出执行上的优先顺序。若推销员疏忽了这方面的考虑，往往可能被决策者判定暂缓而使交易陷入泥沼。

　　建议书若能技巧地满足上面的两个条件，相信一定具有强烈的说服力，能称职地扮演无言推销员的角色，在再次拜访客户时发挥重要的作用。

◆包含的内容

　　一份完整的建议书，包括封面及标题、问候、目录、主旨、现状分析及问题点、建议改善对策、比较使用前后的差异、成本效益分析、结论、附件资料等10个项目。

1. 封面和标题

谨呈××公司总务部陈经理

××公司导入自动化
建议案

提案人：××企业 推销员 陈长江

日　期:2006 年 7 月 28 日

注意：

·标题可从配合客户公司的政策及策略的方向拟订，如提高效率、鼓舞士气、增加员工福利等，能让客户觉得你的建议案对执行企业的政策、策略有帮助。

·封面应选用较好的材料，可依提案的产品性质如理性或感性的产品，给予适当的选择。

·封面设计要大方，平易近人。

·封面要表明主题、提案人、日期。

·封面可依建议书的厚薄，考虑装订的方式。

2. 问候

> 感谢××公司提供给本公司一个宝贵的机会，同时感谢贵公司相关部门人员的协助，使本公司能圆满完成对贵公司的建议案。

注意：

· 首先你要表达的感谢是客户提供了机会，让你进行推销活动。

· 感谢相关人员给你的帮助，同时以此表明你为了给客户最好的建议案，投入了相当的时间与精力。

· 问候感谢不宜过长，感谢时最好以公司及部门为对象，尽量不要提及个别感谢的对象。

3. 目录

1. 主　旨 ……………………………………	1
2. 现状分析及问题点 …………………………	3
3. 建议改善对策 ………………………………	6
4. 使用前改善对策 ……………………………	9
5. 效益分析 ……………………………………	12
6. 结　论 ………………………………………	15
7. 附件资料 ……………………………………	18

注意：

· 各段标题的顺序，建议可依照上面的例子。但在撰写标题时，应加入实际的标的物。如现状分析，可加上"贵公司使用××型电脑现状分析";效益分析,可加上"使用××型电脑带给贵公司的效益",使阅读建议书的人有临场的感觉,并能让你的建议书生动活泼。

4. 主旨

> **一、主 旨**
> 　　配合贵公司自动化生产策略,导入××型装配线自动化设备,提高产量,并解决贵公司工作人手不足的难题。

注意:

·主旨应从客户公司想要达成的目标着手拟订,要指出采用建议案后,能达成的目的及优点。

·主旨要简明扼要。

5. 现状分析及问题点

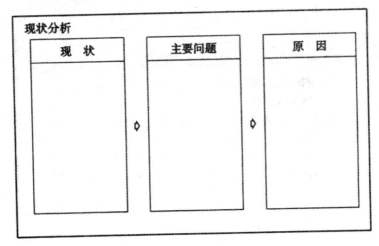

注意:

·分析主要的问题点及产生的原因。

·问题点的分析要依据自己调查的资料，必要时应事先获得客户公司相关人员的确认。

·问题点必须是客户有兴趣、关心的。

·原因的把握要得到客户的认同。

6. 建议改善对策

建议改善对策

注意：

·对策要能针对问题点的原因进行改善。

·对策要能清楚地让客户理解。

·要有具体的资料证明你的对策是可行的。

7. 比较使用前后的差异

使用前	使用后	差　异

注意：

·比较使用前（现状）及使用后（建议案）的差别。

·比较时要提出具体的证明，如目前每日产出1000单位，自动化后每日产出1500单位。

·对购买决定有影响的有利点及不利点都要进行比较，以便让客户能客观地判断产生的差异。

·比较时要提出结果比较，详细原因部分可以附件说明。

8. 成本效益分析

注意：

·成本计算要正确合理。

·效益包括有形的效益及无形的效益，有形的效益最好能数值化。

·效益必须是客户也能认定的。

9. 结论

注意：

·结论是汇总提供客户的特殊利益及效益。

·结论要求能成交。

10. 附件资料

注意：

·附件资料要容易查询。

·附件资料要有标题。

·附件资料要有页码。

◆撰写范例

虽然不是所有的产品都需要建议书，但若你销售的产品是附加价值较高、可改善客户的效率或解决客户的问题的，此时，建议书是不可缺少的推销利器。

建议书是利用文字的组合进行推销，建议书的逻辑架构及表达陈列的方式，能显现出你是否专业。学习建议书的撰写技巧是让阅读建议书的客户感受到你的专业，从而更能认同你的建议。

在撰写建议书时，推销员应随时提醒自己：

·客户为什么要接受我的建议书？

·还有哪些点能帮助客户做出迅速、正确的决定？

只有在以上两个问题上下足功夫，做足文章，你所撰写的建议书才能起到预期的效果。

下面，我们来学习一则建议书的范例。

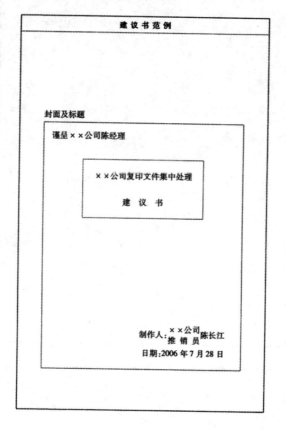

建议书范例

封面及标题

谨呈××公司陈经理

××公司复印文件集中处理

建 议 书

制作人：××公司 陈长江
推 销 员
日期：2006 年 7 月 28 日

建 议 书 范 例

内页问候

感谢贵公司提供给我们服务的机会，同时感谢贵公司业务部、财物部相关同人的协助，使我们能充分掌握贵公司的复印现状，以完成这份建议书。

建议书范例

目　录

──────── 内　容 ────────

一、主　旨

二、贵公司目前复印现状及问题点

三、改善对策建议

四、成本分析

五、效益分析

六、结　论

七、附件资料

● ××型多功能超速复印机规格

● ××型多功能超速复印机本体及耗材报价表

● 各部门复印需求调查

● 各部门复印等待时间调查

建 议 书 范 例

一、主　旨

- 通过复印作业的集中处理,改进复印效率。
- 追加××型多功能超速复印机,节省员工等待时间,并降低复印耗材费用。
- 强化复印机组合功能,对应逐日增长的复印需求。

建 议 书 范 例

二、贵公司目前复印现状及问题点

1. 各单位复印用量不同,业务单位用量高,机器经常发生故障

> 贵公司目前每日复印量约 55000 张,业务部、财务部,各拥有一台××型复印机,但业务部每月印量为 35000 张,机器无法负荷,经常出故障,造成业务单位相当大的困扰。

2. 复印速度过慢,增加复印等待时间

> 目前××型复印机,每分钟连续复印 15 张,复印第一份副本要 20 秒,根据调查,每月平均复印时间约 90 小时,复印高峰时间平均每人每天要等 10 ~ 15 分钟。

3. 业务部经常举办说明会,分页、装订费时

> 推销员经常向客户简报说明,副本的分页、装订耗费时间。

4. 复印量高,机器维护耗时

> 由于对复印质量要求较高,目前的××型复印机,平均每星期要更换 3 次墨粉、经常更换纸张,管理维护麻烦。

建议书范例

三、改善对策建议

要解决贵公司目前复印作业的困扰,应朝下列方向改善。

1. 集中使用复印机,以达到有效及平均负荷,减低机器的故障率。

2. 至少使用一台高速度的复印机,以提高复印效率,降低复印等待时间。

3. 使用具有自动分页及装订功能的复印机,以提高业务部门的效率。

4. 能负荷每月 55000 张复印量的机器。

建议贵公司将目前复印机集中使用,并追加本公司××型多功能高速复印机。

建议集中使用并追加××型高速复印机理由如下:

---

1. 高速复印

××型复印机每小时可复印 3000 张,每分钟能印 50 张,能提高 3.3 倍的效率,可迅速满足一份原稿多张复印的需求。

建议书范例

2. 集中复印,增加效率

　　集中复印、集中管理,能将等待的时间由目前 10 ~ 15 分钟,降至 1 ~ 5 分钟,同时依复印需要而能设定使用不同的机型,能延长机器的寿命。

3. 分页、装订一次完成

　　当需要多张多份副本时,××型高速复印机能一次完成,大量地节省时间,能有效地提高折旧的效率。

4. 纸盘容量大,不需经常换纸

　　××型多功能高速复印机,一次可放置 3000 张复印纸张,不需经常添加纸张,大量地减少了管理上的心力。

5. 耗材费用降低

　　××型多功能高速复印机的耗材费用仅为目前复印机的 1/2。

建 议 书 范 例

四、成本分析

	目前每月 复印费用	追加××型多 功能高速复印机
折旧	4500 元	13000 元
利息	2500 元	6000 元
墨粉	22000 元	16000 元
硒鼓	11000 元	8000 元
纸张	11000 元	11000 元
合计	51000 元	54000 元
备注	1. 目前每张副本黑粉每张 0.4 元,××型每张成本 0.2 元。 2. 目前每张副本硒鼓费用 0.2 元,××型每张成本 0.1 元。 3. 集中处理后,假设××型多功能高速复印机每月复印 30000 张。	

　　贵公司若能将复印机集中使用,并依复印量需求追加一台××型多功能高速复印机,就能解决贵公司目前复印文件上的问题,能立即提高贵公司员工的工作效率。

建 议 书 范 例

五、效益分析

现　状	追加××型多功能高速复印机集中复印的效益
1. 复印机负荷量不够，经常发生故障。	1. 依复印需求选择使用不同机型，降低故障率，增加复印机的寿命。
2. 每分钟复印 15 张。	2. 每分钟复印 50 张，效率提高 3.3 倍。
3. 每月复印时间 90 小时，等待时间平均每人每天 10～15 分钟。	3. 每月复印时间 25 小时，等待时间平均每人每天 1～5 分钟。
4. 工作同人自己分页、装订。	4. 机器分页、装订一次完成。
5. 每星期更换 3 次墨粉，管理麻烦。	5. 每月更换 3 次墨粉，省时省力。
6. 经常添换纸张。	6. 纸匣一次可装 3000 张。
7. 每月复印费用 51000 元。	7. 每月复印费用 54000 元。

建议	集中复印每月仅增加 3000 元的复印费用，而能达到全面提高公司员工的作业效率。

建议书范例

六、结　论

　　贵公司业务量逐年迅速增长，复印需求也大幅增长，为提高复印效率，引进××型多功能高速复印机，集中复印作业，是最好的决定，它能让您立刻实现：

- 每分钟 50 张的复印速度
- 分页装订一次完成
- 从此不需把时间浪费在等待复印上
- 大量简化复印机的管理工作

　　虽然目前每月需多支付 3000 元的复印成本，但由于××型多功能高速复印机的耗材费用相对低廉，复印量愈增加，将愈能节省复印费用，谨请贵公司考虑最适合贵公司业务需求的"复印机文件集中处理建议案"。

第五章　成功交易的方法

美国军事将领麦克阿瑟说："战争的目的在于赢得胜利。"同理，推销的目的就在于赢得交易的成功。成交是推销的核心与目标，它好比田径比赛中的选手，无论他在整个赛程中如何一路领先，但到达终点之前若不慎失足跌倒，则必前功尽弃。因此，推销员与客户之间实现成交是推销过程中最重要的环节，同时也是最令推销员头痛的环节。推销员经过一系列的努力，终于激起了客户的购买兴趣与购买欲望，并排除了推销障碍，看起来客户采取购买行为——成交——已是理所当然的事了，但实际上，在心动与行动之间常常是有一些距离的，即使是具有强烈购买欲望的客户，也会处于两种矛盾激烈斗争的焦点之间：其一是购买之后的好处，其二是购买的代价。这种心动与担心相对峙的状况，势必造成客户的犹豫，这时推销员必须采取积极有效的措施，推动、敦促客户做出有利于成交的抉择，把好最后的一道关口。否则，一个疏忽就会造成功亏一篑，导致整个推销活动的失败。

有些推销员在各方面能力都很强，唯独不知如何开口要求客户签单。很多人拿不到订单是因为他们不知道如何开口，或者没有勇气这么做：只要推销员不开口要求签单，永远也做不成生意。

有些推销员请客户订货很犹豫，有些人则根本是害怕开口。他们心里希望或祈求客户会自己说："好吧，我向你买东西，开单吧！"他们知道自己已经传达了产品所有的信息，也克服了客户的抗拒，所以他们开始等待……他们就这样一直等待下去！等客户自己开口买东西！统计数字告诉我们，十次有九次客户不会主动买东西，推销才是主要的动力。

◆ 与客户缔结契约

在整个推销过程中，最令推销员紧张的时刻是开口向客户要求签约。这一勇敢而又必然的行动，宛如旧时未见过新娘子面的新郎官，历经千辛万苦，终于迎得佳人归。拜堂之后要掀起新娘子的红盖头——新娘子是美是丑？对自己满不满意？一切兴奋、担忧尽在不言中。

推销员掀起客户的"红盖头"这一动作，在推销学中有一专门术语——缔约。

◆为什么要缔约

缔约与签约的意义不同，缔约是指推销过程中，推销员要求客户签约以及客户的反应。不管客户应承还是拒绝，都意味着推销员的推销过程已取得初步成果，可以做一个初步的了结，这种意向的过程被称为缔约。

◆通过缔约了解客户真实想法

缔约是推销员测量客户内心想法的最直接有效的武器。通过缔约，推销员能够了解客户目前心中的想法。

· 真的有兴趣还是没有丝毫兴趣。

· 可以发现客户目前还有哪些异议，除非能化解它，否则客户最终将会拒绝缔约。

·发现客户真正关心的焦点。

◆缔约的3种形式

缔约依使用的场合与目的，通常分为3种：

1.最终缔约

最终缔约是指推销员最后要求成交的过程，也是推销员最紧张的时刻。就推销员而言，他辛苦的努力、祈盼的结果，将在此刻揭晓。就客户而言，他必须下决心，做个决定，必须克服心理上的摇摆不定，给对方做出明确承诺或回绝。

2.中途缔约

中途缔约能让推销员逐步展开推销，把推销的工作推向最终缔约，如获得key man（指拥有决策权的有购买能力的人）的会面、获准进行事实调查、客户同意聆听产品说明会、客户同意你产品具有的特殊利益……

这些中途缔约有如建筑工程的地基与支柱，让你能更坚定地往最终缔约边进。

3.试探缔约

推销员：如果您能早一天安装就能早一天提高生产量，现在开信用证，正好可以赶到月底的船期进口，否则船期要下月底才有，是否您现在就同意安装，我们立刻通知银行开信用证进口？

推销员：陈处长，您刚才已看过操作示范了，我们的价格相对也非常合理，是否明天就开始给您送货？

上面两个是试探缔约的例子。推销员假设推销至这个阶段，客户应该已愿意购买，而用试探的方式企图缔约。

只要你认为时机成熟，就可采用试探缔约，因为试探缔约若是不成功，客户必然会说出目前仍不能同意的理由（异议）。此时，推销员可使用推销学中的异议处理技巧，进一步解除隐藏在客户内心的异议，使推销进度往前再跨一步。

◆ **应该何时缔约**

如果要想发射一颗人造卫星上太空，一定要等到适当的时机才行——因为要配合地球的自转状态。专家称之为"发射窗口"，在某个特定的短暂时刻它才会打开。

想要客户签下合约，也得怀着类似的待命心理。

优秀的推销员在进入商谈阶段时，一定是带着坚定的自信，全力以赴的：我是不会空手离开客户的，一定要拿到订单，除此没有别的路。

就是在缔约的时刻，只有推销员自己能明白掌握的环节，适时地填上最后一块砖，让客户站上缔约台。而那关键性的关节，也许是某个特定的论点，某个小动作，或许只是刻意的沉默。

在那一时刻，所有的辛勤努力，一切小心翼翼的计划、思考，无数繁杂的计算，所有针对客户个人的研究分析等都会被抛到九霄云外去了！

无论如何，推销员看到并且抓住了那个恰当时机，就达到了缔约的目标！

客户购买心理的阶段性变化，如注意、发生兴趣、产生联想、激起欲望、比较、下决心及提出异议时，都可能出现缔约的好时机。

实际上，推销过程中出现下列的状况，都是推销员进行缔约的时机。

（1）当你的客户觉得他有能力支付时。

（2）当你的客户与你的看法一致时。

（3）当你的客户呈现出一些正面的动作，如请人给你添咖啡、面带笑容、气氛轻松时。

（4）当你的客户获得充分的信息，已能做决定时。

（5）当你的客户说出"喜欢""的确能解决我这个困扰"时。

（6）当你的客户关注的问题得到圆满解决时。

（7）当你的客户询问售后服务事宜时。

（8）当你的客户询问货款支付方式时。

（9）当你的客户询问目前已有哪些正在使用的客户时。

（10）当你的客户提出的重要异议被处理时。

（11）当你的客户同意你的建议时。

（12）当你感觉客户对你有信心时。

（13）当你的客户听了你的说明，觉得自信时。

（14）当你的客户同意你总结的产品优点时。

◆把握缔约三要素

最终缔约、中途缔约、试探缔约有哪些准则呢？以下是最好遵守的三个准则。

1. 经常缔约

经常缔约能让推销员显得更犀利、更有效率、更能引导推销的方向及进展。

2. 对每一个推销重点要做缔约的征询

当推销员说明完每个重点后，要做缔约的征询，以确认是否是客户的特殊利益。

3. 重大异议处理完后即缔约

化解了客户提出的重大异议后，推销员即可进行缔约。因为其他的异议相对已显得已不重要，客户提出时，也不会过于坚持，或推销员也可做相对的小让步，将无损于完成推销的目标。

◆缔约时应注意这4点

在缔约的短暂过程中，随时都会出现一些外在或内在的阻碍缔约成功的因素。下面精选几个典型，希望引起推销人员的注意。

1.沉默的较量

如果在推销员要求成交之后出现了一小会儿沉默的话，推销员不要以为自己有必要说点儿什么。相反，推销员要给客户足够的时间去思考和做决定，绝不要贸然打断他们的思路。有些推销员存在一种错误的想法，认为客户沉默意味着产品有缺陷。推销专家一致认为："恰当的时间沉默不仅是允许的，而且也是受客户欢迎的，因为他们会感到放松，不至于因为有人催促而做出草率的决定。"

推销过程中的沉默使人们想起打电话时被告知"请稍候"时的感觉，时间仿佛已经停滞，度日如年。在面对面的推销中，沉默通常令人感到压抑，很自然地会产生打破沉默的念头。虽然那种"谁先开口谁就输"的说法暗示着如果客户先开口，那客户就输了，但推销专家认为那些做出了很好的、正确的购买决定的人都是赢家。但是，如果你——推销员——先开口的话，那就有失去交易的危险。所以，在客户开口之前一定要保持沉默。是的，沉默有时几乎会使人发疯，但无论如何，必须严格约束自己，保持沉默。

很多推销员都不能忍受沉默的压力，把短短的十几秒钟视为很长的时间。他们因不能等待而犯下了愚蠢的错误，致使可能成交的生意泡汤。

如果客户想考虑一下，那么现在就给他时间去思考。这总比客户告诉推销员"你稍候再来，我想考虑一下"要好得多。对客户而言，他承受沉默的压力比推销员所承受的还大，所以极少客户会在沉默中考虑成交与否超过两分钟时间。

美国寿险推销员保罗讲过一则趣事："我曾访问一个自南非移民的出租司机，这位司机坚决认为我绝对没必要去向他推销人寿保险。当时，他肯会见我，只是因为我有部录影机可随时播放彩色录像带——而这正是他最感兴趣的。"

这盘录像带内容是介绍人寿保险，并且在片尾提了一个结束性的问题："它将为你及你的家人做些什么？"看完影片，大家都静悄悄地沉默不语。两分钟后，这位出租车司机心里经过一番激战，终于对保罗说："现在还可以参加这种保险吗？"结果，他签了年缴保费为1万美元的人寿保险合同。

2. 不能说的实话

如果你是一名服装推销员，有一位客户走进了你的店门，你发现客户身上穿着一件很旧的外套，就想卖给他一件新外套，看着客户身上的破旧外套，你心里一定在想："这人怎么还穿这种破衣服？这还是好几年以前流行的款式，他居然穿了这么些年，这衣服早该当抹布使了。"你心里这样想，但嘴上不能这样说，如果你实话实说，那你离"专业推销员"这一称号就相差太远了。

如果你是一名汽车推销员，当客户问你他那辆旧车可以折合多少钱时，你心里想的也许是："这种破车还能值几个钱。"这可能是大实话，那辆车也确确实实就是一辆不值钱的破车，轮胎也许已经磨损得不像样了，烧起汽油也许比柴油引擎还要多，车里的气味也许很难闻……总而言之，它就是一辆破车，但这种大实话你不能说。因为这是客户的车，客户可能很爱这辆汽车，毕竟客户开了这么多年，多少总会有点感情。即使客户不喜欢这辆车，也只有客户才有资格来批评这辆破车。如果你先开口说这辆汽车如何如何的糟糕，无疑是在侮辱汽车的主人，不知不觉中已经伤害了客户的自尊心。打狗都要看主人，想想这些，你还敢批评客户用过的东西吗？

张先生的车已经用了7年了，最近有不少推销员向他推销各式车子，他们总是说："您的车太破了，开这样的破车很容易出车祸的……"或者说："您这破车三天两头就得修理，修理费太多了……"张先生却执意不买。

有一天，一位中年推销员向张先生推销，他说："您的车还可以再用几年，换了新车太可惜。不过，一辆车能够行驶3万公里，您开车的技术的确高人一筹。"这句话使张先生觉得很开心，他即刻买下了一辆新车。

有时，客户会自己说自己的东西不好，比如，"我这辆车太破，想买辆新车。"这时你也不能跟着附和："你这车确实够破了，早该换辆新车。"特别是在谈及孩子时，当客户说他的孩子太淘气时，你要是顺着他的话说："是够淘气的。"那你就休想他们买你的商品，你可以说："聪明的孩子都淘气。"

实话不实说并不是虚伪。话是说给他人听的，你的话可以使他心情舒畅，也可以使他情绪一落千丈。使人心情舒畅于己于人都有好处，何乐而不为呢？

不过，实话不实说并不是要你不讲实话，并不是要你以次充好去欺骗客户，它只用于你推销的商品以外的东西，对你的商品必须实话实说。

3. 如何对付难下决定的客户

有些客户总是犹豫不决不肯下决定，这是为什么呢？当然客户有不下决定的原因，推销员能抽丝剥茧，找出不下决定的原因，才能提出解决对策，尽速完成推销任务。

推销员："王经理，这份团体合约我和您讨论过好多次了，合约的内容也照您的意思修改了多处，只要签单，员工们立刻享有保障，您看是不是能在本周内完成缔约的手续？"

王经理："嗯！合约的内容是改得差不多了，不过，再看看吧！"

推销员："经理您还要考虑什么呢？这种条件您不也认为是很合理吗？"

王经理："嗯！是很合理，嗯……不过，还是给我一些时间再考虑考虑！"

现在的行业大都处在市场导向、消费者导向的市场，市场上充斥着琳琅满目的类似商品，由于科学日益进步，新产品不断地涌入市场。虽然就客户而言有多种选择比较的机会，但也使得一些公司内部的采购人员及后勤人员头痛万分。过多的信息、不断更新的产品功能，使得他们无法凭自己的能力，迅速地做出正确的判断。

这些客户听了推销员所做的商品介绍，也实际观看了样品，似乎是没有理由不下决定，但却迟迟不见他们下决定。推销员几度要求签单，但得到的都是一种模棱两可的答案。客户对产品并非不认同，但不管推销员在一旁心里多么的着急，他们却总是不立刻下决定，这种情形在大公司内特别容易碰到。这种客户的心理，可分为三个类别，推销员可根据不同的类别，给予不同的处理。

· 对自己的决定感到不安

客户对自己的决定无法找出评估的依据，怕自己考虑得不够周详，或担心自己得到的信息不够充分，或想再听听更多人的意见，不愿意万一发生问题时要由自己承担责任，等等，都会使得采购者对自己的决定感到不安。

面对这种客户，推销员最好能让他了解购买对错时的评估基准，让客户确信购买是合乎基准的。例如，购买一台复印机，成本方面的基准，要考虑机器本身的成本、将来每复印一张的耗材成本及零件保用年限等三大项，若这三大项都考虑到，那么评估复印机的成本方面就能正确无误，不用担心。

其次，推销员可提供购买同样产品的知名客户给这些采购者参考洽询，也能消除他们的担心。

·由别人来决定比较不会遭到指责

大公司的采购人员，虽然自己有采购的决定权，但往往怕瓜田李下遭到背后谈论，为了预防万一，而做一些预防动作。因此，往往虽然对推销员的商品非常偏好，但客户却不会当机立断，立刻决定购买；为了分散责任，在形式上客户会征询使用单位的意见，尽量表现出是大家共同决定的。

推销员了解采购人员的这种心态后，应该协助他，尽量说服公司内的各个相关人员都表达同意使用你的产品。若此时能有渠道，取得该公司上级单位主管的交办则将水到渠成。所谓交办并不一定是指交代要使用，而是同意给予参与竞争的机会。

·过分在乎旁人的看法

过分在乎旁人看法的客户，往往任何事情都拿不定主意，虽然决定权在自己的手里，但是他们购买任何东西都会担心别人是否会认同，别人是否会讥笑，往往只要周围的人认为好，便会立刻下决定购买。

碰到这种类型的客户，推销员的推销重心，应该适度地转向客户的周围人士，要很小心、谨慎地应对处在客户左右的人，他们的意见往往决定了推销员是否能立刻拿下订单。

面对这三类难下决定的客户，推销员若能清楚地辨明他们的内心状况，相信必能迅速地突破他们的心理阻碍，让他们迅速做出决定。

不可否认大多数的人，碰到要下决定时，都会犹豫不决，因为他们担心下的决定不好而遭到损失，因此客户难下决定是推销员面临的正常状况。面对这种"正常状况"，推销员的对策是告诉客户，下决定后就会有哪些利益产生，"利益"的推销是最佳的诉求方式。

4. 如何面对竞争对手

在推销商品时完全不遇到竞争对手的情况是很少的。推销员必须做好准备去对付竞争对手，假如推销员没有这种思想准备，客户会以为推销员敌不过竞争对手。

· 贬低诽谤竞争对手的商品是不明智的

诽谤对方会适得其反。有些推销员当着客户的面公开诽谤贬低竞争对手的商品，企图以此来推销公司的产品，其心情和动机实不难理解——一心想取得客户的信任，并踢开竞争者以争取客户。其实客户听推销员贬低竞争对手的一席话时，虽然不当场反驳，且嘴里也会"嗯、嗯"地随声附和几句，但心里却很反感，觉得推销员这个人不诚实，自然就不想与推销员打交道了。

贬低批发商已进货的产品（非本公司产品）是批发商最为忌讳的。一些性急的推销员为了急于表现常常犯此大忌。这样一来会惹怒批发商，本来有可能做成的交易也就被自己的不当言行毁掉了。

和客户打交道经常会遇到对方有意无意贬低本公司产品而赞扬竞争对手产品的情况，在这种情况下，有的推销员就不提竞争对手的产品，仅拼命地为本公司的产品辩护。当客户不"买账"时，则很恼火地大肆诽谤竞争对手的产品，这样一来不但伤了对方的感情，最终双方还可能会大吵一架。请问，到了这个地步客户会买你的产品吗？

当本公司的产品被贬低时当然要进行辩解，但是辩解的方法很重要。因对方一定会认为他的褒贬是正确的，所以推销员不要硬生生地把对方给驳回去。首先应肯定对方的意见说一声："是啊！"这样对方心里感到很舒服，有了"共同语言"后，推销员所说的客户也就能听得进去了，于是，即可因势利导趁机"反扑"直至反败为胜。

反击时应以本公司产品的长处和竞争对手产品的短处巧妙地进行比较，以自己的长处为武器，因为没有直截了当地贬低对手的产品，所以也不会伤害客户的感情，对方也就会直率地与你面谈，随着谈话气氛的融洽，对方的偏见就会逐渐消失，会以公正的态度对待你公司的产品。

不贬低诽谤同业的产品是推销员牢记的信条之一。把别人的产品说得一无是处是绝不会给你自己的产品增加一点好处。

·不要进行人身攻击

为了争取客户，同行之间采取人身攻击的推销员大有人在。同行之间虽各事其主但总有一定的联系，免不了要打交道，何必在客户面前大肆对对方进行人身攻击呢？

为了排挤对方，有些人虽不择手段地对对方进行人身攻击，但却会故意装出同情对方的样子来迷惑客户，这是一些推销员所采取的惯用伎俩。某些好奇的客户听得津津有味，并不断地点头，于是就改变了看法。的确，这样一来被中伤的人就会威信扫地，那么中伤别人的人又怎么样了呢？当然有的可如愿以偿地把竞争者手中的市场份额给夺了过来。但是，竞争对手也决不会就此罢休，势必会针锋相对。这样一来就发展成相互揭短，双方也都变得"臭不可闻"了。

社会上有人把善于要弄阴谋的称作是有才能的人，但是不要盲目效仿，也就是说不要走旁门左道，不要做见不得人的事情，要做一位堂堂正正、德才智勇兼备的推销员。

◆ 缔约的12条建议

（1）要表现出缔约是理所当然的一样！

（2）给自己制定一个实际可行的目标！别忘了：客户总是想要喝香槟，即使他的预算只够买啤酒，想办法和客户一起找条路，让客户喝得到香槟酒。

（3）让自己快乐地想象一下合约早已到手了！

（4）要懂得把握时机——机会只来一次！

（5）勿多言！简单扼要地说出条件！

（6）偶尔要适时地沉默一下！

（7）想想你会成功，自然会表现出自信和自我肯定的神态——如此一来，客户也会变得更加自信。

（8）要让客户方便地签下他的大名：事先准备好合同书，在该签名的地方做个记号，或者动作迅速地把客户该签名的地方放到他眼前，让客户看清楚！

（9）避免装腔作势的缔约姿态，要帮客户速下决心，但要让客户有自己做了决定的感觉！

（10）不要在行动或声音上露出丝毫的不安之感！

（11）保持平和稳定，在填写订单时不要出错！

（12）要向客户表示恭喜和感谢，但也别显得过于热情！要强化客户对这个抉择的正确感！

◆ 有效缔约的方法

推销中有效的缔约方法，不胜枚举。成功的推销高手善于从这千头万绪之中，总结出规律，形成具有一定套路的有效缔约方法，从而使缔约的过程规范化、条理化、清晰化。

下面精选经实战证明过的有效缔约方法8种，供你学习与借鉴。

◆暗度陈仓

有时候一笔生意刚开始谈，就因为其中一种商品的价格谈不拢而卡了壳。

在建筑工地，某下水材料厂推销员与水电安装工程主管洽谈一笔下水材料生意。

"Φ100×1830的下水管18元一米，卖不卖？"主管咄咄逼人。

"您开玩笑吧，出厂价都不止18元一米，这么便宜怎么能卖呢？"

"那就是说——不卖？"

"不是不卖，是不能卖，卖了要亏本。"推销员无可奈何地摇着头说。

的确，Φ100×1830的下水管出厂价都是19元一米，加上送货到工地的运费需花到19.5元一米的成本。

于是，由于买卖双方的强硬，这笔生意泡汤了。

那么，如果这位推销员换一种方式，会怎样呢？

"行，18元一米。"推销员狠了狠心，做出肯定答复。

因为这位推销员知道，建筑工地购置下水材料总是需要二三十种不同型号、数目较大的下水管及配件。推销员在推销Φ100×1830下水管时没赚反而亏了，但是推销员可以想尽办法从其他型号的商品中将利润"补"回来，以保证整体上应该得到的利润。比方说，推销A若亏了1元，那么推销B时我就将价格暗中提高1元或更多。

于是，生意得以继续商谈下去：

"什么，Φ100×90°的弯头要10元一个！太贵了吧？"主管装腔作势。

"主管，市面上的行情都是12元一个呢！您放心，价钱上我能便宜的就会便宜，就像Φ100×1830的下水管一样，18元一米，全城都找不到这么低的价钱。"

"好吧，10元就10元。"

推销员抓住主管因为图Φ100×1830下水管便宜而不愿轻易放弃这笔生意的心理，在后来的20多个商品的讲价过程中，常常以Φ100×1830下水管"能便宜的就会便宜"为挡箭牌，挡住了主管讲价的气势，终于在后来的商品谈价中取得理想价位，将生意反败为胜。

聪明的推销员，在掌握了这种"暗度陈仓"的成交方法后，也可以主动出击，有时故意将客户了解的第一个商品的价格开得低于成本价，以吸引客户的注意，然后再在其他项目商品价格上"暗度陈仓"。当然，这一招只适用于客户购买系列的商品。这样，万一客户只买那种低价产品，你就可以说："先生，我很想满足您的要求，但您知道，我这些商品是配套的，您买一种的话，就孤立起了其他配套产品。所以，您还是一起买下吧！"这样说不仅是一种引导全面成交的努力，也是一种对单一买卖的婉拒，可令人进退自如、立于不败之地。

◆引导周旋

客户买商品，绝不会温文尔雅，经常会和推销员进行激烈的讨价还价，尽自己所能与推销员周旋，希望将商品价格降低到自己所要求的水平。

如果客户有心买，只是认为商品的价格超出了自己的预算的话，只要向他们进行"意向引导"，一般都能使洽谈顺利地进行下去。

"意向引导"在交易中的作用很大。它能使客户转移脑中所考虑的对象，产生一种想象。这样，客户在买东西的过程中，就能变得特别积极，在他们心中也产生一种希望交易尽早成交的愿望。

"意向引导"是一种催化剂，一种语言上的催化剂。化学当中的催化剂能使化学反应速度迅速发生变化。在交易中，推销员使用催化剂也能使客户受到很大影响。

"意向引导"的一切行动都是推销员安排的。但在客户看来，一切都好像是按照自己设计的，直到交易成功之后，客户都以为自己占了便宜。

推销员在进行推销时，一开始就要做好充分的准备，向客户做有意识的肯定暗示，使他们从一开始就走进自己的"圈套"。举例如下。

"您的客厅如果使用我们公司的装饰材料，一定会满室生辉，必定是这附近最漂亮的房子！"

"我们公司目前正在进行一项新的储值保险计划，如果您现在进行一笔小小的投资，过几年之后，您的那笔资金就足够供您的孩子上大学。到那时，您再也不必为您孩子的学杂费发愁了。现在上大学都需要那么高的费用，再过几年，更是不可想象。您认为我的建议怎么样呢？"

"现在，市场不景气，经济衰退，如果您在这时候投资买下我们公司的产品，保证您在经济好转之后，能赚到一大笔钱！"

当然，推销员对客户进行了如上的各种暗示之后，必须给他们一定的时间去考虑，不可急于求成。要让你的种种暗示，渗透于他们心中，使他们在潜意识之中接受你的暗示。

推销员要擅长把握住进攻的机会。如果你认为已经到了探询客户是否购买的最佳时间，你可以立刻对他们说：

"您肯定对这一带特别熟悉，难道就没有看出，您的房子是最高级的？俗话说，名剑佩高手，好花配佳人，买我们公司的产品吧！它高级的品质，最适合您的豪宅。"

对于列举的第二种情况，你可以这样说：

"每个父母都希望自己的孩子接受高等教育。'望子成龙''望女成凤'，这是人之常情。不过您是否考虑过，怎样才能避免将来这种沉重的经济负担？如果您对我们公司现在进行投资，则完全可以解决你们的忧虑。对这种方式，您认为如何？"

对第三种情况，你可以告诉他：

"当然，每个人都有充分的权力，对自己的资金自由支配，以购买最好的产品。我不是强迫您买我的产品，我想提醒您，我推销的是一次赚钱的机会，怎么样？"

只要推销员一开始就运用这种方式，给客户各种各样的"意向"，就会使他们对于购买你的产品产生一种积极的态度。当买卖深入到实质性阶段时，客户有可能对你的暗示加以考虑，但不会十分仔细，一旦推销员再对客户的购买意愿进行试探时，客户会再度考虑推销员的暗示，坚定自己的购买意图。

客户进行讨价还价，会使洽谈的时间加长。在填订购单时，又会花一些时间，这些烦琐的小事使得客户不知不觉地认为推销员的种种"意向"是客户自己所发现的，而不知道这是推销员运用的推销技巧。这时，推销员必须耐心地、热情地和客户进行互动式的商谈，直到买卖成交。

◆环环相扣

这种方法的技巧就是牢牢掌握客户所说过的话，以此来促使洽谈成功。

比如，有一客户这么说：

"我希望拥有一个风景优美的住处，有山有水。而这里好像不具备这种条件。"

那么，推销员可马上接着他的话说：

"假如我推荐另外一处有山湖水色的地方，并且以相同的价格提供给您，您买不买？"

这是一种将就话的方式，这种谈话模式对推销有很大帮助。就上面一段话，客户是否真的想拥有一个山湖水色的地方姑且不管。推销员抓住客户所说的话而大做文章，给客户提供一个符合客户条件的地方。这时，客户事先说过的话就不好反悔了。

这样的情况在我们生活中也时常发生。譬如，我们上街去买衣服，走进一个服装店里挑选，其实这时你还无心购买，只不过是看看而已。这时营业员就会上来对你说：

"您喜欢哪一件？"

"把那件拿给我看一看。"

"这衣服不错，挺适合您的，穿上会显得更潇洒。"营业员拿过衣服，这样说。

"不过，这衣服的条纹我不怎么喜欢，我喜欢那种暗条纹的。"

"有啊，我们这里款式多着呢！您看，这是从广州××服装公司进来的，价格也挺便宜的，和刚才那一件差不多，手工也不错。怎么样？试一试吧！"

"嗯……啊，还不错，大概要多少钱？"

"不贵。像这种物美价廉的还真不多。您到那边去看看，一件进口的名牌衬衫就要1000多块。就连一条领带，也要300多块。其实用起来也是差不多。这件才450元呢！"

"还是这么贵啊！"

"再便宜穿起来就没有这么气派了，现在稍微好一点儿的也就这个价格。"

"好吧，我买了。"

这个推销员就运用了"紧逼式成交法"。

顾客说想要什么款式的，推销员就给顾客提供顾客说的那种，让顾客不得不买。

譬如，一个推销员推销小轿车，碰到一位客户。客户说：

"这部车，颜色搭配不怎么的，我喜欢那种黄红比例配色的。"

"我为您找一辆黄红比例配色的，怎么样？"

"我没有足够的现金，分期付款行吗？"

"如果您同意我们的分期付款条件，这件事由我来经办好了。"

"哎呀，价格是不是太贵啦，我付不起那么多钱啊！"

"您别急，我可以找我的老板谈一谈，看一看最低要多少钱才行，我一定会尽力帮您争取的！"

一环套一环，步步为营，牢牢地掌握对方的话头。运用这种战术时，一般成功的希望比较大。

◆设好圈套

对客户进行商品用途示范，会取得很好的效果。

推销员亲自对新商品的用途进行演示，会使客户获得一种安稳的感觉，增强他们对商品的信任感。

像前一节所叙述的客户买房子一例，推销员可以先对他说：

"如果我找到一处像您所想象的那种风景优美的地方，您要吗？"

"只要价格合理，当然可以。"只要客户这么说，推销员就可以亲自带客户去你找到的那地方参观，让客户观看那地方的风景。当然，在价格方面要合乎客户的要求。这时，推销员可以对客户说：

"怎么样，成交了吧！"

并且立即拿出订购单。

或许客户会阻止推销员办理手续，说出他还是不愿意买的种种合理的情况，那么推销员可以反问：

"您刚才不是说过，只要找到您满意的地方，并且价格合理，您就要买吗？您该不会反悔了吧？"

在这所有交谈之中，推销员都要保持一种自信的态度，相信客户会买，不可灰心丧气。

这种推销方式十分有效。我们再来看两例。

例1：买玩具

客户去玩具店给小孩买玩具，售货员首先说：

"给您孩子挑选玩具吧？最近新上市的有×××，×××，×××，……这些玩具设计得非常奇妙，能给孩子带来无穷的乐趣和丰富的想象力。对开发孩子的智力也有很大的帮助。"

"那'变幻围棋块'怎么样？"

"您可是慧眼识物。这是M公司最新研制出来的智力方块，有多种功能。您看，使用1号功能，按A键，然后可进行手工操作，这是初级部分。当达到一定程度之后，可以玩2号、3号功能。围棋是我国的国粹，能使练习者视野开阔，培养他们严谨的思考能力、计算能力和猜想能力。购买这种玩具对您小孩的健康成长确实有很大的帮助。花几百块钱买下它，比请家庭教师便宜多了，并且您可以亲自辅导他。"

一项买卖成交了！

例2：买车

一位客户想买车，推销员对他说：

"这种型号的车，采用了德国进口的发动机、高级弹簧和合金材料，并且大部分零件也是德国总公司提供的。启动快、耗油量少，并且最为得意之处就是开起来坐着特别舒服。"然后，推销员让客户坐进汽车内，让客户自己去试开一下，接着说，"价格很便宜。可以说，同一类型的轿车中没有这么便宜的。怎么样？"

这时，客户一方面被推销员说得早已心动；另一方面又体会了这辆车的特点，也就不再犹豫，会与推销员签订订购单。

◆以理服人

成功学家卡耐基一生致力于成人教育，有一段时间他在纽约某家酒楼租用了一个舞厅来进行一系列的讲课，每一季度大概要用20多个晚上。

有一次，他突然接到酒楼经理的一张通知，告诉他必须付出高出原来3倍的租金，否则要收回他的使用权。卡耐基接到这个通知的时候，入场券等都已经印好，并且分发出去了，而且所有的通告都已经公布了。

当然，谁也不愿意多给别人租金，即使再怎么有钱，也会对这种无故要求增加租金的事感到愤怒，卡耐基也同样如此。可是他愤怒又有什么用？酒楼关心的是金钱，对卡耐基的愤怒可不感兴趣。

几天之后，卡耐基直接去见了酒楼的经理。

"收到您的来信，我感到非常吃惊。"他说，"但是我理解您的做法，如果把您换成我，也许我也会发出一个类似的信函。每一个人都希望增加自己的收入，您作为酒楼的经理，有责任尽可能地增加酒楼的收入。现在，我们能否来做这样一件事：如果您坚持要增加租金，请您允许我在一张白纸上将您可能得到的利与弊写出来。"

卡耐基拿出一张白纸，在中间画一条线，一边写着"利"，另一边写着"弊"。

他在"利"这边这样写："将舞厅转租给别人开舞会或开大会将有更大的好处。因为像这类的活动，比租给别人当课堂收入会更多。如果把我占用二十个晚上的时间去租给别人开舞会，当然比我付给您的租金多得多。租给我用，对您来说是一笔不小的损失。"

在"弊"的一边他写下如下的一段："不租给我，您有两个坏处：其一，您不但不能从我这儿增加收入，反而会使您的收入大大减少。事实上，您将一点儿收入也没有，因为我无法支付您所要求的租金，而只好被迫到别的地方去开课。当然这个坏处，您可以租给别人来弥补，从而变成你的一个好处。

"还有另外一个坏处，我的这些课程能吸引不少受过教育且水准颇高的白领来您的酒楼，这对您来说是一个很好的宣传，您不这么认为吗？事实上，即使您花费几千美元在报上登广告，也无法像我的这些课程能吸引这么多高层次的白领来光顾您的酒楼。这对一家酒楼来说，不是一件很有意义的事吗？您不让我在您这儿讲课，就使您酒楼失去了那么多的潜在客户啊！作为一个经理，应该用长远的眼光看问题，而不应只顾眼前。"

写完之后，他把纸递给酒楼经理说：

"我希望您好好考虑这其中的利与弊，然后再将您的最后决定告诉我。"

第二天，卡耐基就收到一封信函，告诉他租金只涨50%，而不是原来的300%。两者相距是何等之大！

美国名人亨利·福特说过一句话："如果成功有任何秘诀的话，就是了解对方的观点，并且从他的角度和你的角度来看事情。"

这段话，对推销员来说应该成为"格言"。因为世界上几乎有90%的人在90%的时间里，忽视了这其中的道理。

卡耐基运用理论说理的方式使酒楼经理减少了大笔的租金，而对推销员来说，运用同样的方法，会使你的推销大获成功。

有许多客户在购买商品时，太过于小心从事。对于这种客户运用理论说理方法最有效果。

其实，这种方法是美国一位叫富兰克林的推销员发明的。卡耐基只不过是在工作中运用了这种方法，获得了成功。富兰克林的推销法如下：

　　每当他要决定一件事情之前，总是拿出一张纸，两边分开，左边表示肯定，右边表示否定，也就是说将一切买之有利的因素写在左边，右边则写出一切买之不利的理由，看哪边理由充分而后做决定。然后请客户也写出一张，权衡利弊，决定是否购买。

　　推销员用此种方法进行推销时，也可并用暗示法，如在肯定栏，当客户填写时，你可以多建议一些；在客户填否定栏时，你不可多做"辅导"，最好缄口不言。这样，对你有利的肯定大大增加了，因为叫一个人突然想出那么多的否定因素是很难的。客户写完之后，再让客户从左到右看一遍，看看是有利还是不利的因素多，同时试探性地征求："您看怎么样？"

◆围魏救赵

　　爱子之心，父母皆有。只要自己宝贝能够快乐幸福，玩得开心，也就是父母的幸福。假如你是推销玩具之类的推销员，有时向父母说明，倒不如向小孩方面打主意。这种围魏救赵的效果非常明显。用法得当，推销员根本就无须花费过多的时间，就会使家长们毫不犹豫地和你成交。

　　例如，当你初次到一家有孩子的家庭去推销时，首先准备一些小朋友们特别喜欢的小动物玩具：小狗、大熊猫、米老鼠之类的小玩具，只要是他们喜欢的就行。

　　第二天，你就可以带上你推销的商品去拜访。看到小朋友，不急不忙地谈及你上次带的小动物玩具，问：

　　"喜欢不喜欢上次和你玩的小狗？"

　　"嗯，好喜欢，叔叔还有吗？"

　　"有啊，你看这个玩具小狗多可爱，喜欢不喜欢？"

　　"嗯！"

"那叫你爸爸妈妈给你买呀，其他小孩都有啦！你爸爸买下这个，这就属于你啦！"

这时，你和客户说："我过几天再来吧！"随后立即离开现场，让客户家中的小孩子帮助你"推销"。

一般小孩，不会考虑买与不买，只要看到自己喜爱的东西都想要。和他们的父母哭闹和纠缠，而父母却又不忍心看到自家的小孩那么伤心，总会千方百计地去满足他们，安慰他们。

而推销员呢，却坐收渔翁之利，不用花大气力去和小孩父母解释、说明。让小孩去说明，自己坐在家中就可做成交易！

几天之后，你再去那位客户家，保证不用说多少话，就会成交！

◆追问渐进

有这样一类客户，在购买商品之时，左思右想，举棋不定，无法决定购物行动。对待这一类客户，用这种推销方式最有效。

这一种方法首先对客户要有耐心，充满热情，专心致志地倾听他们的意见。对于他们所说的，千万不可妄加评论。譬如，他们说："我想我还是再考虑一下"，"考虑"就意味着不想买的可能性很大。推销员追问一句，他们往往会说："如果不好好考虑……"还是一种婉转的拒绝。怎样才能把客户那种模棱两可的说法变成肯定的决定，这就是推销员应该来完成的事。

客户说："如果不好好考虑……"推销员就表现出一种极其诚恳的态度对他说："你往下说吧，不知是哪方面原因。是有关我们公司方面的吗？"

要是客户说："不是，不是。"那么推销员马上接下去说："那么，是由于商品质量不佳的原因？"

客户又说："也不是。"这时推销员再追问：

"是不是因为付款问题使您感到不满意？"

……

追问到最后，客户大都会说出自己"考虑"的真正原因：

"说实在话，我考虑的就是你们的付款方法问题。"

不断地追问，一直到客户说出真正的原因。在这期间，不要打断客户的话。追问也必须讲究一些技巧，譬如，推销员接着客户的话说：

"您说得有道理，做事总得多考虑一些。"这样一来，生意就泡汤了。

◆ 心理施压

对客户施加压力并不是强迫客户来买你的商品，而是运用一种心理战术，使客户无形中感到一种压力，这种压力来自他们的内心，他们感觉不出这是由于推销员而造成的。

推销员在进行商品推销时，要设法先使客户感到真的缺乏这方面的知识，乱了阵脚。然后，再进行推销，这就是施压成交法的基本技法。

当然，推销员应该具有高度的说服力，说话深得人心，能引起客户的共鸣。

需要注意的是，使用这种推销法，事前必须小心谨慎，做好充足的准备，在洽谈的过程中，恰到好处地改变当时的气氛，如果说中间有一步弄错，则会满盘皆输，导致生意泡汤。

这种方法，对那种说服力极强、应变能力好的推销员特别适用。因为此法要求推销员说话有感染力，对于环境有极强的控制能力并能灵活地加以变换。

下面是应用此法的一些语言技巧，涉及各个方面。

（1）"这么昂贵、豪华的衣服，我觉得不适合于您工作的环境，看看便宜一点儿的吧，也许会更适合于您的需要。"

（2）"这件商品的价值如果按天计算，每天只需要三四块钱，而每天哪地方不能省三四块钱？让您每天少抽半包不利于健康的烟，把节省的钱用在这件有意义的商品上，多划算！"

（3）"如果我没记错的话，您在结婚时，曾经在我们公司为您妻子订购了两件商品，现在，听说您妻子已经不太喜欢了，不知是不是这么回事？"

运用此种推销方法，在进行过程之中应该注意：

掌握自己说话的口气，连续不断提出问题，一直到客户对谈论的问题有所表示。对特殊情况，例如谈论问题的焦点，应首先进行解决。

第六章　成交是与客户多次成交的序幕

在一个专业推销员眼里，成交绝不是一夜激情，天亮以后说再见。成交是推销员与客户N次亲密接触的开始，成交是推销员与客户多次成交的序幕。

专业的推销员都清楚地知道：拥有一个忠诚的老客户比开发两个新客户有用得多。

无论商品的质量有多好，如果没有良好的售后服务，客户不会有真正的满足感。甚至在售后服务方面的小小瑕疵，也会引起客户的不满，直至丧失商品的生命——信誉。这绝不是危言耸听。

正如一首乐曲，前奏固然动听，过程也是高潮迭起，但唯有结尾与之呼应，才能称得上一场成功演奏的美丽乐曲。

虎头蛇尾是许多人的通病。推销员应该为自己打上预防针。这支预防针，叫全心全意为客户提供售后服务。

◆ 怎样留住客户

我国有句俗话，叫"创业容易守业难"。推销员经过辛苦的拼搏，终于拥有了一定数量的客户群，但要留住这些客户，确保客户忠诚，的确不是一件容易的事。

作为推销员，必须加强学习把实用的先进理念拿来应用到自己的推销工作上。做到这一点，一个全新的局面将展现在你面前。

在这里，我们列举的是一些外国各类型公司的案例，供读者们参考。我们认为，随着全球经济一体化的加剧，我国企业的推销方法必须要有一个大的改变。

◆为客户提供增值服务

异业结合就是以你推销的东西为核心，外加其他增值服务，结合成为一套商品。这种套装商品可以增加客户回头找你做生意的机会，只要客户对这整套中的一环满意，他们与你们的距离就拉近一步，成为终身顾客的概率也逐步提高。

异业结合包罗万象，可以只是额外的小小服务，让你的商品线更为齐全，像是在百货商店里兼卖邮票。或者，也可以是不同产业公司之间的合伙关系。比方说，信用卡发卡银行以及航空公司，可以联合起来，提供消费者一旦刷卡便可享受飞行里程的优待。

同时，异业结合不见得必然增加成本，没有人规定，你不能为这些加值服务和商品收取额外费用。重点是在你开始打算盘，估量你的进账将因此增加多少之前，你必须先从客户的角度好好想想，他们需要什么样的加值服务。

总而言之，异业结合的终极目标万流归宗，就是让客户打算再度消费时，会回到你这儿来。

·保时捷汽车

保时捷汽车在德国与万事达卡合作发行了保时捷联名卡。消费者只要缴纳年费100美元，就可以在艾维士租车公司位于机场的停车场享受免费停车、洗车的服务，并且可优先保留旅馆房间、租赁的汽车、餐厅订座、运动设施、航空机位，以及道路紧急救援。另外，持卡人若选择接受与艾维士卡的结合服务，便可以享有机位候补优先权，并可使用设于机场内的健身俱乐部。

·戴姆勒奔驰汽车

戴姆勒奔驰汽车在德国为奔驰汽车车主发行奔驰联名卡，卡主可以选择是否让该卡同时具备信用卡功能。持卡人得到的会员制优惠，包括双月通信刊物、年历、电影优待票、参加奔驰车特别活动的邀请，并可独享某些特惠旅游方案。

◆推出消费奖励方案

人虽有形形色色，但无论贫富，我们从没见过哪个人不喜欢特价的。

吸引消费者来买的诱饵有一大箩筐，各种巧妙搭配更是变化万千。最常见的包括：提供赠品；加值红利；优惠的付款方式；举办抽奖活动。

鼓励或刺激消费不见得要花大钱。实际上，也许你已经提供一些额外价值给顾客，却没有得到很好的回应，但一些宣传却可产生相当不错的效果。

通过奖励方案让顾客再次购买的基本原则也一样：只有当客户觉得这东西有价值，效果才会显现出来。因此，当你苦思要提供什么东西的时候，务必要站在客户的立场。

1. 提供赠品

光是良好的服务，已经不足以抓紧客户了，你必须提供卓越、令人赞叹、出人意料的服务水准。概括说来，这包括要兑现你的承诺：你许诺的时机；你传达该信息的方式；还要依照当初你所说的价格，并且附带一点额外好处，以具体行动向客户证明"我仍然重视这位客户。"

下面便是一些案例。

· 雅诗兰黛化妆品

化妆品业者运用赠品作为刺激业绩手法，已有数十载的历史，而雅诗兰黛可谓个中翘楚。女性化妆品市场，雅诗兰黛拥有45%左右的市场占有率。以它旗下的倩碧超敏感肌肤专用系列来说，赠品已是不可或缺的必然策略。

像美国的赫斯百货公司就推出倩碧双重红利活动：购买金额满16.5美元，可得一袋赠品，内有口红、洗面乳、乳液、蜜粉、刷子；消费满35美元，则可得到一个大手提袋及随身化妆镜。不仅消费者感到物超所值，倩碧也得以顺便介绍许多新产品。

· 麦当劳速食连锁店

"他们回来了！"1998年，麦当劳几度让消费者大排长龙，等着购买它们的快乐餐，尤其它们推出那红得发紫的史努比，消费者为之疯狂，争相抢购收藏。快乐餐销路奇佳，客户也因此大幅增加。

2. 善用红利奖励

美国"奖励联盟"于1997年所做的一项调查发现：全美企业针对消费者一年投入的促销费用，共计42.3亿美元。

· CUC电脑公司

许多商品的售价当中暗藏着不少"隐形"费用，而这些包括运送费用等在内无法避免的额外支出，如果妥善运用，其实是很好的加值红利。CUC电脑公司便提出"金钱与理性"的红利办法，以一系列广告，清楚列出所有提供给顾客的额外红利，像免费的运送、调试及4年延长保证期，同时还在广告中详列那些全国性、大规模的竞争者在这些项目分别收取的费用。整个加起来评估一下，消费者如果选择这家公司的产品，将可省下高达350美元的支出。

·某连锁书店

以书籍零售业而言，开书店是相当普遍的一项增值行业。当然，这还需要进行促销活动，哪个商店都是如此，该书店也不例外，比如经常为顾客举办作者朗诵作品、现场签名等活动。读者们因此得以亲眼见到喜爱的作家，而且，作者亲笔签名的书籍，在收藏者市场具有一定的价值。因此，这家连锁书店的顾客络绎不绝。

3. 提出更优惠的付款方式

·威尔士·赛斯特

"先享受，后付款"，这句话近来如此流行不是没有道理的。消费者会不会购买高单价产品，往往取决于身上有无足够的钱，购买欲根本不是问题。美国维吉尼亚州的高级家具店威尔士·赛斯特解决的办法很简单：促销，加上店内签账卡。当销售业绩为优先考虑时，它们故意牺牲利息，有时甚至连货款也暂时牺牲，只要顾客使用它们的签账卡消费。举例来说，1998年4月当月，任何使用店内签账卡购买的商品，不仅不需先缴纳头期款，还可以享受1年内免付利息或本金的特别待遇。

·金马家具／家饰公司

得州达拉斯的金马家具／家饰公司，走的是高档路线，但因为弹性颇大的付款方案，连最希望经济实惠的消费者也成为他们的老顾客。金马为了让顾客能把家里装饰得跟办公室一样，装潢得美轮美奂、品位不凡，提出了"延长付款计划"：最低消费水平为250美元，平均分成5次从顾客的信用卡分期付款。这个方案更好的地方在于余额不会另外衍生利息，这项服务也不索取任何额外服务费用。

4. 举办抽奖活动

·微软公司

微软公司为推广新开张的虚拟商店，采取抽奖活动。在1999年5月以前上网造访的顾客，每天各有一次机会赢得价值50美元的微软软件。如果你刚好成为当天第十万名访客，可得到价值1000美元的大红包。这个方法的确能快速积累访客数目，而所需成本对这家软件巨头来说，只不过九牛一毛。

·HGTV有线电视台

HGTV这个以播出家庭与庭院装潢设计为主的美国有线电视台，在网站所推出年度"梦想之屋大放送"时，促成访客频频上网，成绩有目共睹。上网者每天可进入该网站一次。这项比赛共计吸引了400万人次造访。1999年的冠军得主，赢得的奖项总值超过60万美元，包括位于佛罗里达海滩一幢全新装修好的房子及一辆豪华的四轮驱动高级跑车。

◆**把顾客彼此联结起来**

所谓利益共同体，是指一群因为某种共同特性而结合的人，诸如政党、宗教、国家等。而宗旨没那么崇高的团体也包括在内，像是歌（影）迷俱乐部、网络聊天室等。

你的顾客群——总在寻找趣味相投的伙伴。同理，当你的顾客发现别人也对你的产品有兴趣时，他们可能会分享彼此的经验，并从中得到不少乐趣。

所以，创造利益共同体，往往会令商品身价陡然升高。就拿史努比这个动物形象来说吧，这么多人为它们疯狂地排队，它们一定颇有价值，不是吗？利益共同体还能带来消费人潮。所有跑去观赏哈雷摩托车车队游行的人，必然都对哈雷有兴趣，就是这个道理。

把顾客彼此联结起来的公司，也同时建立了重复购买的强力机制。一群利益共同体，可以把单纯的买卖升华到一种交情。此外，它也让客户对你的公司产生感情，而这样的感情，可以跨越世代，绵延不断。

美国的两位知名教授亚瑟·阿姆斯特郎与约翰·海格在《哈佛商业评论》中曾共同发表一篇文章，论述网络社群对于公司获利所产生的贡献：

·收取入会费。

·购买会员信息。

·贩卖商品与广告。

·设立取代成本较高的作业方式，以削减内部支出——例如网络相对于电话支援。

1.哈雷摩托车厂

世界著名的哈雷摩托车车主们的忠诚度众人皆知，你随便找其中一人问问，他会不会考虑别的厂牌。他的回答一定简单有力："不。"而且，这些可不是一些低层人士。典型的哈雷车主都起码受过大学教育，年薪有6万美元以上。

这群对于哈雷忠贞不贰的车主，形成特殊的骑士族群。人群中他们能一眼认出彼此，尤其是那种骑在车身特低、吼声雄壮的重型摩托车上的"哈雷族"。而最近，这家于20世纪70年代曾濒临破产边缘的公司也终于悟出这项识人的本领，并从中发现生机。

如果你买一辆全新哈雷摩托车，就可免费得到1年期的哈雷车主俱乐部会员证，会员可以参加公司每年所赞助的50场哈雷俱乐部活动。一年下来，这项活动总共吸引了近40万人加入。一年后，就必须每年缴纳35

美元会费。该俱乐部到1999年时，会员已膨胀到36万人以上。对于哈雷的新型摩托车、服饰、玩具、甚至香水来说，那是多么可观的潜在市场啊！在很多国家，一辆哈雷摩托车比一辆中档轿车还贵。

2. 福斯汽车

在德国，福斯汽车让车主免费加入会员俱乐部。服务中心每天上班，为顾客提供道路指引、预订各种活动座位与门票、会员卡、杂志，以及特殊伙伴奖励活动。会员如果因为汽车维修保养、零件更换等，消费超过50美元的话，就可获得点数，100点抵1美元，可以作为支付新车或其服务的费用。

位于北美的福斯汽车也有美国版俱乐部。会员独享优惠包括：一张"可充值使用"且享有30分钟免费长途电话的电话卡、一件印有俱乐部名号的T恤、一本地图、旅游指南、公司快讯、信用卡、特别活动等。唯一不同的是，会员每年必须缴纳25美元年费。

◆ 售后服务尽善尽美

无条件为客户提供售后服务，指的是推销员不图回报、不辞劳苦、永远站在客户的立场上为客户提供尽善尽美的售后服务。

◆成交是推销的开始

很多推销员都认为成交是推销的结局，以为成交了就万事大吉了。其实不是这样的，成交仅仅是推销的开始。

让我们看看美国汽车推销大王汉斯是怎样做的吧。

推销成功之后，汉斯需要做的事情就是，把那些客户及其与买车子有关的一切情报，全部都记进卡片里面；同时，他对买过车子的人寄出一张感谢卡。他认为这是理所当然的事，虽然很多推销员并没有这样做。所以，汉斯对买主寄出的感谢卡，令客户印象特别深刻。

不仅如此，汉斯在成交后仍然和客户保持经常性联系，他对客户说："如果新车子出了问题，请立刻通知我，我会马上赶到，我会让人把修理工作做好，直到您对车子的每一个小地方都觉得特别满意。这是我的工作。如果您仍觉得有问题，我的责任就是要和您站在一边，确保您的车子能够正常运行。我会帮助您要求进一步的维护和修理，我会同您共同战斗，一起去对付那些汽车修理技工，一起去对付汽车经销商，一起去对付汽车制造商。无论何时何地，我总是和您站在一起，同呼吸、共命运。"

汉斯将客户当作是长期的投资，绝不会卖一部车子之后即置客户于不顾。他本着来日方长、后会有期的信念，希望他日客户为他介绍亲朋好友来车行买车。卖车之后，总希望让客户感到买到了一部好车子，而且能永生不忘。这样的话客户的亲戚朋友想买车时，第一个便会考虑找他，这就是他推销的目标。

车子卖给客户后，如果客户没有任何联系，他就试着不断地与那位客户接触。打电话给老客户时，开门见山便问"您以前买的车子情况怎么样？"有时白天电话打到客户家里，接电话的是客人的太太，她们大多会回答："车子情况很好"。他再问"有任何问题没有？"顺便提醒对方，在保修期内有必要将车子仔细检查一遍，并重申在这期间检修是免费的。

他也常常对客户的太太说："就算是车子振动太大或有其他什么问题的话，也请送到这儿来修理，麻烦您提醒您先生一下。"

汉斯说："我不希望只推销给他这一辆车子，我特别珍惜我的客户，希望他以后所买的每一辆车子都是由我推销出去的。"

陈小姐是高盛办公家具厂的业务员。她做事勤劳苦干，待人细心热情。每个月她无论多忙，都要抽三天时间拜访自己的老客户。有时是顺便拜访，有时是专程拜访。

每一次她到老客户那里，总是仔细地打量她所推销的办公家具，看是否出现了什么问题。她细心到哪怕一个不起眼的部位掉落一个不重要的小螺丝钉，也逃不过她的眼睛。每逢出现问题，无论大小，她都用笔记下来，尽快督促公司派人过来妥善解决。

在她的客户的公司里，经常有职员积累一定的经验后辞职另立门户，开办公司。这些人无一例外地都找陈小姐购买办公家具。另外，她还经常接到陌生客户的电话，声称是由×××（她的老客户）介绍他来向她购买办公家具。

——无疑，陈小姐的诚信与细心的售后服务获得了丰厚的回报。

但作为专业的推销员，应该时刻记住：我们不是因为图回报而为老客户服务。给老客户提供全方位的售后服务，是推销员的义务。只有怀着这种心态，售后服务才能尽善尽美。

◆服务讲究诚信

"君子爱财，取之有道。"推销员销售额的大小是通过与客户成交量的多少来实现，从某种意义上讲，推销员是在创建、培养一个属于自己的市场。如果推销员采用诚信的态度与手法，去和客户沟通，推销员就会很快培养出一个庞大的客户群，并且这个客户群忠诚度相当高。

有个例子，某图书发行公司推销员向一家大型书店推销一种教学参考书。书店的业务经理听了推销员的介绍，开口就订了2000套。但这个推销员并未因成交就此了事，他认为这本书今后销售的好坏会影响到这家图书发行公司以及他本人的声誉。为此，推销员向书店经理分析道：据了解，贵市有需要此书的学校为15所，每个学校需要此书的学生大约70~80人，每期3个月的培训。因此，3个月内有1200套就可以了。这个数量既能保证贵店供书，又可避免积压，影响资金周转。经理听后，将信将疑，但3个月后，该种图书果然销售一空。相对其他推销员只求书店多订书，而不管书店积压与否，这个推销员靠诚信赢得了客户。

此后，这个推销员可以享受一项特殊的"待遇"，只要他认为好的书，尽管发货给这家书店，书店照单全收，及时结算，从不拖欠。而其他推销员常常面对的不是退货，就是结款不及时。

诚信的态度，讲穿了就是将心比心，只有取得客户的信任，客户才能甘心情愿地接受你的推销，并且还会将你介绍给他的亲戚、朋友、同事等。而此时，你的推销成本，甚至你所投入的精力就会大大地降低。

◆加强心灵的沟通

成交后推销员要做的一件事，就是应该立即寄一张感谢卡给你的客户，谢谢他的帮衬。

现在，市面上有许多种类的感谢卡可供使用，花点儿小钱做投资，你将有十倍百倍的回报。通常没有人会送感谢卡，除了卓越的业务人员。

客户真的会被感谢卡感动，他们说："嘿，这个推销员，与众不同，我喜欢他。"

推销员也可以在客户生日时寄张生日卡，你每年会收到几张生日卡呢？

当有一些客户告诉推销员，他们很感谢你所寄的卡片时，想想看，此时你有多意气风发。想不想尝试一下？

是你在帮助客户，还是他们在帮助你？

推销员推销商品给客户，客户为你提供了收入。现在，推销员再帮他们从中获得最大利益，可多获得一位朋友，而这些客户从此也成为你的活动广告，帮助你成为最佳业务员，这是建立个人推销网的绝佳方式。

在你的心灵深处，建立服务客户的愿望，为客户利益着想，经常在心灵深处加强与客户的沟通，从满足客户中激励自己。这样，你就可跃登推销巨星的良性循环，而这正是你想要的，不是吗？

◆服务是长期性的

如果研究日本那些成功的公司，会发现它们都有一个共同的特点——在各自的行业为客户提供最优质的服务。像松下电器公司、丰田公司、索尼公司这样的国际知名大公司在各自市场上占有很大的份额。同样，这些公司的推销员都致力于提供上乘服务，他们狂热地寻求更好的方式，以取悦他们的客户。不管推销的是什么商品，他们都有一种坚定不移的、日复一日的服务热情。

当你用长期优质的服务将客户紧紧包围时，就等于让你的竞争对手永远也别想踏进你客户的大门。

推销员要明白，赢得终身客户并不是靠一次重大的行动，要想建立永久的合作关系，绝不能对各种服务掉以轻心。做到了这一点，客户就会觉得你是一个可靠的人，一个值得信赖的人，因为推销员会很快回电话，按要求送产品资料，等等。这些事做起来是如此的简单——确实也简单，但做到"几十年如一日"的优质服务确实需要一种持之以恒的自律精神。

亚美公司的一位推销员曾经驱车50公里，只为了给客户送去仅值10

美元的果子酱。

有人问推销员："花那么多时间在这些小额订单上怎么能赚钱呢？"

推销员回答说："开车那么远，只为了一份小小的订单，确实不如我的时间值钱，甚至还不及我路上所耗费的汽油值钱。但是，一旦我让本公司产品摆上了货架，我就希望它永远留在上面。在我们这一行，保住了货架占位就意味着一切。我可不愿意因为我的服务差而失去更多的交易。"

专业的推销员应该明白，给零售商们提供各种服务能够使自己的生意兴旺发达起来。充分认识到客户的价值，在第一份订单之后，一直保持与客户密切合作。一个专业的推销员不仅定期做存货检查，而且建议零售商削价处理滞销品。除此之外，推销员还应该亲自了解当地市场，建议零售商们使用那些在别的城市被证明行之有效的促销方法。

不管推销员推销什么，优质的售后服务永远是赢得忠诚客户的重要手段。当推销员提供稳定可靠的售后服务，并与客户保持经常联系时，无论出现什么问题，你都能与客户一起努力去解决。但是，如果推销员只在出现重大问题时才去通知客户，那就很难博得他们的好感与获得他们的配合。推销员的工作并不是简单地从一桩交易到另一桩交易、把所有的精力都用来发展新的客户，除此之外还必须花时间维护好与现有客户来之不易的关系。可惜的是，很多推销员却认为给客户提供售后优质服务赚不了什么钱，因此而不热心去做。乍一看，这种观点好像很正确，因为停止服务可以腾出更多的时间去发现、争取新的客户。但是，事实却不是那么回事。客户因为欣赏高质量服务，愿意一次又一次地回头光顾你的生意，更重要的是，他们乐意介绍别的人给你，这就是所谓的"滚雪球效应"。

推销员应当记住：服务，服务，再服务。

◆ 如何争取新客户及挖掘回头客

有个人独自穿越沙漠，他牛皮囊里的水3天前就已经干涸。烈日下他踽踽独行，干裂的嘴唇呼出的空气如火一般炎热与干燥。

幸运的是，他发现不远处有一个手动的压水泵。他兴奋地走近，疯狂地用手压着水泵的手柄。然而压水泵的皮圈也因太干燥，吸不出水，只是伴随着嘎嘎的声音做着活塞运动。

他沮丧地停止自己的运动，却发现压水泵的泵身上贴有一张字条，上面写着："口渴的旅客，我要告诉你4件事：第一，最近的绿洲离此地至少有100公里；第二，你脚下的沙子中埋有一瓶矿泉水；第三，将这瓶矿泉水倒进你的口里，可以解你一时之渴；第四，将这瓶矿泉水倒进压水泵里，润滑了干燥的皮圈后你可以压出大量的清洁的饮用水——不过你要压动手柄20分钟。"

这个人如何选择呢？如果他贪一时之快，喝光了那瓶矿泉水，他将死在通往绿洲的路上；如果他忍一时之渴，把那瓶矿泉水倒入压水泵中，然后经过20分钟的劳动，将可以把自己干涸的胃和牛皮囊全部灌满。

专业的推销员在市场的沙漠中建起了许多"压水泵"——老客户，并且总是备有润滑用的"矿泉水"——售后服务。他们经常用一瓶水，从容地从老客户这口井中压出一桶或更多的水——他们即使在推销的沙漠里行走，也永远不会渴死的。

让我们来深入探讨一下，这些成功的专业推销员，到底运用了哪些具体的专业手段。

◆利用老客户推介新客户

一个不争的事实是：推销高手的大部分新客户都是来自直接或间接的推荐与介绍（你也许会想到"口碑"这个词）。如何更有效地利用老客户——这些无须发工资的"推销员"为你拓展业务？

大部分的生意都是花了许多的时间、精力及金钱，并且都是花在传统的以不停拜访为主的推销上。其实推销员只要花其中一小部分的金钱及时间，建立一个正式的推介系统，效果就会好上几倍。

但推销员为何要建立一套正式的推介系统呢？

这是吸引新客户的最佳方法。如果你希望让你的生意发展到极限，你最少需要4~5个不同的推介系统。

要达到让任何一个事业全力发展的最佳方法，是决定4~5个仍然想立刻进行测试的推介系统。在决定架构推介系统时，推销员需要知道的基本资料如下：

· 你理想的准客户是谁（理想的准客户就是指你想要越多越好的客户）？

· 你理想的准客户他们想要的利益是什么？

· 你的竞争对手所提供的利益及结果怎么样？他比你强及比你弱的地方是什么？

· 你所能提供的利益及结果怎么样？你比竞争对手强及比对方弱在什么地方？

· 理想准客户未能解决的最大问题是什么？你如何帮助他们去解决这一问题？

1. 如何去做

首先，当每一次老客户和你进行接触时，要礼貌地要求他们推介客户。推销员必须先设定这个舞台。

让客户知道你很喜欢和他们做生意。也许他们有一些相当熟的朋友，和他有着同样的价值及质量标准。告诉他，你需要和这些有价值及可信任的朋友认识，请客户推介。

接着，协助客户发现谁最能够从你所提供的服务及产品中得到收益。你必须先告诉他们这可能是什么样的人或单位，他们身在何处，可能在做什么，以及为何能够获利。告诉他们这些人或单位现在正在做什么或买什么。最后再延伸出一个完全无风险、无责任的销售方案。

其次，再表达你很想和任何对客户重要的人士见面、会谈或提出忠告等意向，并提出愿意在并不期望产生交易的前提下，提出自己的咨询意见，或对他们展示服务及产品。只有当你的客户视你为一位有价值的专家时，他们才放心让他们的朋友或同事和你联络。

如果你每天都能和你的客户这样做，你一定会得到数十位甚至上百位的新客户。你也可以让你的团队成员一起去做，你会看到当你建立这一积极的客户推介系统后，生意量在几个月内成长几倍。

看看你建立推介系统前的生意有多少，然后将它们乘以10，再加一倍，然后再加一倍。这很有可能就是你建立推介系统后可能产生的结果。一个正式进行的客户推介系统将会使客户数量及利润呈爆炸式增加。

经由推介而来的客户，通常消费额更高、买的东西更多，更能让你获利，也对服务及产品更加忠诚；而推介来的客户通常也会生出新的推介，他们会自我繁衍，生生不息……

2. 推介系统的构造

使用这一指南能帮助你及你的客户发掘与介绍更多新客户给你。

你理想中的准客户在人口学上的特征：

· 收入。

· 阶层。

· 年龄。

· 性别。

· 种族。

· 住宅。

· 地理区域。

· 生意种类。

· 婚姻状况。

· 宗教。

· 嗜好。

· 政治观点。

· 社团或团体会员。

· 交通工具。

· 订阅杂志、有线电视或是报纸。

· 教育背景。

· 投资种类（房产、储蓄、股票、债券等）。

· 生理健康。

· 心理健康。

· 健康嗜好。

· 吸烟者或非吸烟者。

·饮酒情况。

·休假。

·购物习惯（零售—高档品或便宜货、邮购、杂志、电话等）。

·职务。

3. 谁能将准客户推荐给你

谁能将准客户推荐给你？现有的和以前接触过的各团体都有可能。例如你会考虑现有和过去的厂商、客户、员工与竞争对手等，或者一些组合情形，比如竞争对手的前雇员。具体可以推荐客户的有：

·厂商。

·客户。

·员工。

·竞争对手。

·亲戚。

·准客户。

·未转变为客户的准客户。

·邻居及朋友。

·会员。

·你的准客户信任的其他生意人及专业人士。

·你的准客户所倾慕、尊敬及信任的领袖或名人。

·杂志编辑、作者。

·特殊利益团体（书法、旅游、音乐、汽车等相同爱好团体等）。

·潜在客户做生意的个人及公司（换句话说，是有你想要的潜在客户的个人及公司）。

·政府法定机构。

4. 设定获得推荐与介绍的舞台

·首先确定你有一个良好或有价值的产品或服务（如果没有，请改进）。

·对你所做之事抱尊崇之心。

·将你自己放在与竞争对手不同的定位。

·借询问以表达对客户的兴趣。

·向他们解释，即使推介的客户并未购买，你仍将对他们提供一个有价值的服务，就是让他们知道他们应该寻找、该避免、该期待的是什么，可能忽略的是什么，以及任何可能影响到推介客户的正负因素。

·给他们合情合理的理由，让他们觉得应该替你推介客户。解释你的生意大部分都是靠推介而来，由于你真的会得到推介，所以你会投资更多的时间和金钱，以提供更好的产品及服务。

·提供他们推介客户的鼓励因素（在有些案例中，有些专业人士受限于道德法规而无法付钱给推介给客户的人，你可以去做能够协助他们事业成长的事，捐钱给他最喜爱的慈善团体等）。

·提供免费或折扣的产品或服务给成功推介后的客户，并且告诉他们，这是你为感谢他们而牺牲自己收入而提供的。

·提供推介而来的客户特别的激励，包括优惠、保证退款、额外服务、折扣或其他认为可能对推介客户有价值的任何东西。

·要求你的客户打电话或直接和推介客户联络。

·事先做一些事，例如，询问如何才能结识那位你想认识的人士，在此必须使用互惠法则，例如送一张生日卡、请吃午饭、也替他们推荐介绍、给他们一份报告或一本书或任何其他认为有价值之事物。

·和过去曾经推介过你的人士保持密切联络与接触，告知他们所推介者已成为客户。对推介你的人要保持回报习惯，让他们知道以后发生的事情。

· 在客户最能接受的时候提出推介的要求。这可能发生在你刚给他们一个甜头之时，例如退给他们一笔钱、完成一笔好交易、摆平一宗诉愿案件等。这也可能发生在他们生命中一些奇妙的时刻，例如，小孩诞生、升职、特殊的荣誉、结婚、退休或调职等。

· 不要害羞，去要求这些推介。

· 向提供推介的客户表示感谢之意。

· 帮助你的客户找出该向谁推荐及介绍你，询问他们"你认识谁——吗？"（在空白栏中尽可能填入不同的团体人士，尽可能剧情化，以让他们的记忆复生）

5. 行动步骤

想想看老客户们有多少朋友、家人、同事，还有他的客户、伙伴等，在和他有关联的人之中，有多少是你可以得到推荐与介绍的对象，将你的客户视为亲切且有价值的朋友。请将你所知道并适用于你客户的因素一一列出，然后挑出一两个推介的程序，略加调整后就开始建立你的客户推介系统。根据你与他们的关系、他们采购的层次与满意的程度，从你的客户名单上挑出最佳的推介人选，看看你在未来的5天、15天、30天及45天内可以得到多少推介。不断地调整你的系统到尽量完美并让自己满意的地步，一旦证明有效，将之用在你的日常营运，并且持续地使用它。然后你开始试验及实施更多的系统。你会被介绍给数十、数百甚至数千名你可以服务、保护及在未来可以产生贡献的新客户。由推介而产生的客户愿意与你做生意的比较多，而且每一次购买的数量又比较大，生意往来也比较持久，同时较少讨价还价，更会对你的努力会予以感激，并且会将他们的新友再介绍给你。而你所要做的就是开始建立一个正规的推介系统，使客户自然水到渠成。

◆如何与流失的客户重新合作

有趣的是，增加客户有一个最简单有效的办法，但是却很少有人做到。那就是你只要将已经停止活动的客户重新启动，马上就可以增加客户的人数。

许多推销员都忽略了这个环节。老客户的流失被称为"损耗"，"损耗"是继续维持与客户买卖关系的反面，是停止和你生意往来的客户人数。许多推销员，甚至连实际的损耗率是多少都不知道。

直到推销员真正地计算出来已经停止往来的老客户有多少，才能马上着手进行改进。了解损耗率和到底是哪些老客户停止交易，不过是降低损耗率的起步而已。和损耗率相对的是留住客户。

如果一年损失两成客户，推销员必须很努力地增加三成的客户，才能有一成的业绩增长。

不管从事的是哪一行，推销员要明白，每一行都会有一定程度的客户损耗。推销员现在需要找出损耗率是多少，以及那些不再和你生意往来的客户是谁，然后再找出客户不再和你做生意的原因。

1. 失去联络的原因

大部分不再向原来交易的推销员购买产品或服务的原因有3种：

·他们发生了一些与你的推销完全无关的事情，使他们暂时停止和你往来。他们有意要回头，但始终没机会采取行动重新恢复往来。

·在上一次和你的交易中，曾经出现问题或不愉快的事情，但他们并不想告诉你，只是静悄悄地停止和你的生意往来。

·情况有所改变，他们再也无法从你推销的产品或服务上获得利益。

让我们再来详细地讨论这3个原因。

每一天都有成千上万的信息前来轰炸你的客户，引起你的客户的注意，耗费他们的时间及金钱，每个人都一样。而"眼不见，心不念"，一旦你和你的客户之间的经常性互动中止一段时间，不管你有多棒，或你以前提供了多么好的产品及服务给你的客户，他依然会无情地把你遗忘。

你是否曾经让杂志在到期后就停止订阅，即使你还蛮喜欢这份杂志的内容，但还是没再去续订？美国有名的演讲大师乔治和他的太太每个周末都去拜访一位营养师，他们都很喜欢这个活动，但有一次因亲戚来访，他们连续3个周末没有去，后来他们就再也没去过了。其实乔治夫妇想再去，只是怕营养师问及他们为什么连续3个周末没有去。但是如果营养师主动和他们联络，不管她是亲自登门拜访还是打电话，甚至只留一个话，乔治说他们都会马上回去。

根据观察，超过一半以上的损耗客户，是只想暂时停止商业往来的忠诚客户，多数却再没有机会重新回头。

在这些归于沉寂的客户当中，大部分都是这种有意回头但是记性太差的人。你有充足且高尚的理由来协助这些过去的客户回头，和你重新建立交易关系。

当推销员在做这些事时，实际上是帮助这些客户重新将价值及利益灌注在他们的生活及生意中。不要忘记，不管推销员推销给他们什么产品或服务，都对这些人有所收益，而在他们没有和你做生意的这段时间，其实是他们蒙受损失和不便。当帮助他们重新和你做生意后，推销员是在帮助他们获得更多的收益及好处。

所以，事实上推销员有责任与义务，以当初双方从事交易的原意来和他们重新联络，让他们重新享受这些收益。

让我们先来考虑第二种最常见的客户和推销员断绝交易的理由——他们对你不高兴、不满意。以下是美国研究机构为白宫消费者事务办公室所做的研究数据，这个课题和不快乐的客户有关，结果十分有趣。

当客户受到不合"礼"或粗暴的待遇时，96%的人不会提出抱怨。

在享受不满意的服务后，他们会将自己不愉快的经历告诉最少9个人，有13%的人会将这些信息传播给20个人以上。

· 平均26位客户在出现问题时（这其中有6件是"严重"的问题），才会有1位向公司提出正式的抱怨。

· 不满的客户中，只有4%会愿意提出抱怨。而推销员在听取一宗抱怨的申诉时，其他的24位就停止和公司沟通——但不会对其他准客户或客户停止抱怨。

· 正式提出抱怨申诉的客户中，如果申诉的问题得以解决，有70%的客户愿意再和同一商业组织交易。如果客户觉得这个问题很快就得以解决，这个比例还可升到95%。

· 68%的客户会因为公司的漠不关心而不再和公司生意往来。在客户的眼中，一个负面的事件，需要12个正面的事件来相抵。

解决这个问题最好的方法，就是在一开始就不要损失客户，如能谨守"卓越的策略"即可做到。当推销员因不愉快的接触而失去一名客户时，并不是永远失去他。事实上，有许多和这些前客户重新搭起桥梁，重新联络的好机会。

客户停止和推销员做生意的原因很多，但归根到底是推销员忽视他、触怒他、使他不快及不承认错误。

事实上，推销员一定没想到，你才是客户停止继续与你来往的原因。在上千名企业主或专业人士中，仅有一小部分人曾经想过这个问题。所以我们也可以合理地认定，你的竞争对手也没有想到这个问题。

在推销员认知到有80%失联客户可以挽回，就可以马上采取行动，争取大部分的客户回头。当他们真正回头时，他们可能会变成你最好、最忠诚、最常照顾你生意的客户。

如果有客户是因为第三个原因而停止上门（因为环境的改变，使他们再也无法从推销员卖给他们的产品或服务获利），他们显然对你的公司还存有很大的尊敬、善意。推销员只要和他们重新联络与表达问候之意就可以了。如果他们告诉推销员，他们不能再使用你的产品或服务时，你可以要求他们将你推介给他的其他朋友、家人及同事。他们通常都很愿意如此做，但他们绝不会主动推介，得靠你自己去要求。

找出客户身边有何环境变化，如果有所改进，我们为之庆贺并向他们道贺。如果情况变得更糟，表达真心的关怀与感同身受，这才是获得推荐及介绍的诀窍。

如果和不再使用你的产品及服务的客户接触，并且适当地要求给予推介，有50%以上是可以帮助推介的。正如同他们所说：结果是令人惊奇的好消息。

2. 重新争取流失的客户

如何使所有流失的客户重新再和你来往？推销员所要做的就是真诚且谦虚地和他们接触。例如，和他们约时间去公司或家里拜访，还有打电话给他们或写信给他们。

以下是当推销员和他们谈话该做的步骤：

首先，告诉他们事实真相——推销员告诉流失的对方他们有好一阵子没向自己购买产品或服务，因此感觉到不对劲。要确定你在进行这样的沟通时，必须表示出你是在真正地关心他们的福利。为什么要表达关心对方的福利？因为如果他们有任何的问题及困难，就表示他们无法接受你提供产品或服务所带给他们的价值及利益，所以他们的生活会因此而显得较为贫乏，推销员可以帮助他们改进此一情况。

在你真诚地表达对双方之间失去互动及交易的关切后，要更真诚地询问他们："是不是有哪些不对的地方？"在客户回答之前，还可加一句，"我是不是做错了什么？我有让你不舒服的地方吗？如果我有，保证绝对不是故意的。您的一切都好吗？"推销员的谈话焦点应放在他们及他们的利益身上。显然其中有一些事情发生，而使他们停止购买的行为，推销员要找出来这个原因到底是什么，并且进行弥补的工作。

推销员在争取他们回头时，必须待之以诚，否则结果会更惨。

有一位旅客在搭乘飞机时，在他的沙拉里发现了一只蟑螂。他在抵旅馆的当天晚上，就立即写了一封充满愤怒语气的信，向航空公司投诉。当他结束商业旅行时，航空公司的回函已经送到他的办公室。

这封信是这样写的："亲爱的先生：您的来函带给我们极大的关切，我们以前从未收到过这样的抱怨，而我们发誓在我们的权责范围内，将避免此种事件重演。您也许想知道，为您提供服务的服务员已被训诫，而整架飞机也已消毒。您所关心之事并未被忽视。"

不用说，这名旅客对航空公司处理的方式印象深刻，但可气的是，他注意到此信件的背后有一张粘上去的小字条，是办公室使用的记事小条子，上面写着："寄一封'蟑螂信'给这家伙。"

客户期待他们的抱怨能够得到真诚且及时的回应。任何轻率、虚情假意、漠不关心的态度，只会将已经够糟的情况弄得更坏而已。

大部分失去联络的客户都属于前两个类型。"暂时变永远",原来只是暂停购买,结果一去不回头。要不然就是他们碰到不愉快的问题,决裂以对。

如果他们只是无意或忘了和推销员再联络,可能会觉得和推销员再联络时会遇到一些尴尬,此时如果推销员主动和他们联络,他们会很高兴。

如果他们是在上一次和你打交道的过程中产生了一些问题,他们也许会直言不讳。在此刻,推销员有绝佳的机会让他们知道他们对你事业的重要及价值,同时为了曾经发生的问题向对方道歉,并告知他们问题绝非有意,而推销员根本就未注意到此问题,然后再做一些特殊的事情以争取他们回心转意。

推销员的行动需视所处的行业及专业而定,通常做法是立刻解决问题,或进行必要的更换,或提供免费的商品或服务为补偿,或以更好的价格提供他们更多、更好的东西。

要注意的重点是:去做任何能让客户高兴的事,并且让他们知道他们的利益及满意是你最重视的。在做这种表态时,不要附加任何条件。

只要推销员下决心认真去做,在以后的日子中,你会有许多的老客户回笼。

3. 要先联络谁

推销员应完全清楚你大部分的失去联络的客户是谁。如果不大清楚,请重新回到资料堆或电脑数据库中,查看有谁已有好一阵子未再和你有生意往来了,并将这些名字、地址、电话号码等资料按时间顺序及次数一一排列。挑出那些以前向你购买最多产品或服务,或最常向你购买产品或服务的客户。

　　在从事这种重新启动的程序时，你常常面对和那些离你而去后投向你的竞争对手的客户。而可能发生的一种情况是竞争对手对他们并不好，也没有像你以往一样，可以替他们带来许多利益。但是由于这些横亘在中间的情绪，他们赌气不会再回来，所以当你和他们接触时，你等于是给了他们重新回头的"许可"，让他们可以和你重新做生意。所谓"退一步海阔天空，忍一时风平浪静"也不就体现在此！

　　将你找出的所有失去联络的客户数目加起来，过去失去的生意，等着你去重新取回。你要了解，如果能够将你的损耗率减掉一半，这些可能失去的数额就像是新增加的业绩一样。所以，如果你是从100名客户起家，每年都要流失两成的客户，等于每年流失20名客户。如果将损耗率折半，等于每年增加10名新客户。在10年中，光靠将损耗率减半，你的客户基础就会加倍增长，这是值得好好思考的想法。什么都别做，只要降低一半的损耗率，你就可以让你的业绩增长加倍。

　　在你花时间和所有失去联络的客户进行接触及沟通时，就会产生你也不明所以的影响力及让对方惊诧的效果，并发生神奇的事情。接下来可能有五至六成的失联客户会在很短的时间内，重新光顾你的生意。而他们一旦重新向你购买，他们就很可能会变成最忠诚并带来最多利润的客户。

　　所以，你首先需找出所有失联客户，并且和他们进行接触，如果你有时间，而时机也对，你最好亲自拜访。如果现实不允许，你可以用电话进行接触。如果这样还不行，还可以通过信件、贺卡、邮送鲜花等联络，总之，"条条大路通罗马"。

4. 扭转乾坤

　　尽可能地对现有客户进行定期的沟通，这可以避免在商业往来时发生误解、无意的打扰及因不注意而为对手敞开了竞争之门。

如何确定他们不再是一个活跃的买主或客户？应该有一个和时间、购买金额及产品组合的平均购买模式，而任何客户以前都循此模式进行采购，但只要他们不再照章行事而无缘无故低于正常购货水平，就变成失联络的客户。你的工作就是要扭转乾坤。

当你和这些失联客户接触时，一定要先了解情况，再采取措施。由于有许多客户并不是故意要停止和你做生意，他们很快就会再向你购买东西，并且推介其他客户。为了弥补你以前的被动，你必须提供一些"欢迎重回怀抱"的特殊奖品或补偿。

对于那些发生不愉快事情、情绪不满的失去联络的客户，要对症下药，不管是什么原因，是谁的责任，重要的是要化解矛盾，消除隔阂。可以免费提供一些特别的服务或产品，为以后可能的交易创造很好的条件。

最后，当你和第三种客户重新联络时，不要因为没有利用价值而不顾，要对他们过去的光顾及忠诚表示感激，最后再礼貌地请他们推介自己的服务或产品。如果你是真心表达你的感激之情，他们会乐于帮助。

第七章　如何成为推销高手

什么样的人才是专业的推销高手?

是那位年轻、灵巧、在海滨度假晒出一身健康肤色,有着一头浓密的乌发,戴着劳力士金表,一身昂贵的意大利名牌的少年推销郎?还是那位开着名贵跑车,四处乱停,惹得人人羡妒却也嫌它挡路的家伙?

是不是那个有三寸不烂之舌,能在客户面前煽风点火,搞得人家六神无主地签下卖身契后,就溜之大吉的精明人?还是那些夜夜流连歌台舞榭,醇酒美人,为自己业绩庆功的潇洒人?

聪明的读者一定已经猜到了:专业的推销高手绝对不会是那些人。那些人绝不可能真的踏上成功之路,成为专业的推销高手,就算他外表潇洒出众,自诩业绩傲人也无济于事。

我们说过,推销魅力不是一般江湖术士式的招摇撞骗,而是一种坚实沉稳的内在品格。无论是对自我、对客户,还是业务本身,推销高手都有一种明确理智的态度。

◆ 推销高手的必备条件

很多优秀的推销员确实拥有过人的本领。他们工作努力不懈,活力充沛，专业和其他方面的知识都具备，但就是不能进入推销高手之列。是不是该更努力工作，更有活力，再充实知识才行？

答案是否定的！埋头苦干之类很重要，但这些做到位了并非就能登上推销高手的宝座。成为推销高手，还必须拥有乐观的人生观、杰出的社交沟通能力以及表演的天分。

◆有能力让客户感兴趣

成为高手的首要先决条件，是本身心理上的认知。这也是把乐观的人生态度列为高手的第一特性的原因。因为只有乐观的人生态度才能衍生出其他优秀的性格。

例如，激发别人兴致的能力。推销高手深知：成功的因素中，激起顾客的兴趣最为重要。先为自己奠下了根深蒂固、不可摇撼的快乐人生观，其他诸如意志、能力等特性几乎就不寻自来，连强烈的自信心也一样油然而生。

拥有快乐的人生观，你就根本不会瞻前顾后，因为你有坚定的意志，有能力有求知欲，对什么都兴趣盎然，面对别人自信十足。

有快乐的人生观，早晨起床时自然会满心欢喜，知道又是一个丰盈的日子。这份泰然自若就是自信，会使你自然而然地对周围的人产生你想象不到的影响力。

让我们举收音机的天线为例，它好比是优秀推销员和客户间收发信息的媒介，不过，如果是四向的天线，有些信号就会被噪声干扰接收不到。推销高手拥有的是定向天线，像卫星电视碗状的接收器一样准确无误地对准客户，不会漏掉任何信息，然后向客户展开自己强大的说服攻势。

除了这种机械式的收放比喻之外，推销高手的另一要素是高能量的信息。这种能量来自他的强烈自信心。这种能量会每日重新充入，所以说，他所发出的光辉灿烂是吸引人的。

推销高手，就某种意义而言，可以说是强有力的推销员，可是，他绝不会让人感觉是一位有压迫感咄咄逼人型的推销员。

而一般所谓明星级、超级推销员之类的称呼，也不尽然能适用于他们。

推销高手会传递一种快乐进取的力量，因为他自己就像个源源不绝的快乐人生能源厂。他是一个具有极大生活乐趣的个体，发出的强烈热量足以引发别人共振似的光与热。

◆社交能力杰出

推销高手基于快乐人生观的第二个基本特征：杰出的社交沟通能力。他能够接纳别人，但不会因之改变自己的性格。他很明白自己是独一无二的，所以不必改变自己迁就别人。

常常看到训练新进推销员的资料里（有的是已出版的书籍）总会有某章节的标题写着：客户——你的对手。

请好好想想其后果：将对手战败或砍杀，在战场上可能是"光荣的一刻"，但在生意场上打败客户，则是灾难一桩。

对手一词是贬义性的字眼，会导致推销员采取不友善的手法打败对手。

对手的意义与敌人相距不远，对付敌人，可能只有消灭一词了。把客户当成对手的推销员，只证明了一点，心里想的就只有如何赚得利润而已。

很多在刚开始时表现优秀的推销员，不久就达到了极限，无法再有进展了，原因就在这里。

推销高手当然明白，客户也希望成为胜利的一方。他会发挥他的沟通技巧，以尊敬与友善的态度面对客户。干练的推销高手能让客户充分体会到他这份内心的情感，以至于客户在最后缔约阶段甚至会反过来跟他站在同一阵线。

因为，只有买卖方双赢，才能建立长期的业务往来，才能被客户广为宣传，达到超水准的成功。

其实，这是个简单的常识，我会在此重复说明，是因为每天都会有推销员一再犯这个错误。

一般的推销员想得胜，而推销高手要赢。重点不只在于"要"和"想"的不同，推销高手的杰出，在于一个"赢"字。不要误会：这个"赢"字表示"赢得客户，让客户欣然同意推销高手在交易上的建议"。

果真如此，推销高手就交到一个朋友。因为这意味着客户签这个约是出自于内心的肯定，他甚至对推销高手心怀感激。所以客户也是赢家。

这样双赢的情况，不是比打败或击倒对手更好、关系更持久有效吗？

◆有丰富的表演能力

推销高手都是赢家，因为除了乐观的人生态度和社交沟通的能耐之外，还有丰富的表演天分。这种表演天分绝不只局限于演出而已，还包括对戏剧本身的喜好。对他而言，整个世界就是个大舞台，他每天搭配不同的演员，活灵活现地演出不同的剧目。搭配演出的人就是客户。

推销高手每天构筑不同的场景：今天坐在高椅上俯视他的演员，明日换了客户演员高高在上受他膜拜；有的时候演出的是经典好戏，有时却是荒诞奇剧。

推销高手既是演员，又是编剧兼导演，演出成功时，掌声是他的。令人惊奇的是：各出戏的动作虽然相异，但内容却只有一种，叫作"推销"。

推销高手虽然平时尽量谨言慎行，却是个绝顶聪明的老狐狸：他有本事要手段，不用去偷猎。

猎物会自动投怀送抱!

◆ 推销高手进阶

通往推销高手的路上，满是荆棘与墙。推销员只有砍掉刺人的荆棘，推倒那一堵又一堵的墙，才能最终享受到鲜花和温暖。

推销高手也是个人，是天分加训练成就了他过人的特色与能耐，秉持这些，才造就出他的杰出超凡。

◆发挥自己的潜能

每一个人都能够使自己的能力得到更大的发挥，使自己的成绩更上一层楼，只要他能自己察觉到自己需要改善的地方。推销员也是一样，经过一段推销生涯后，自己的推销方法不自觉地形成一种模式，虽然没有一位推销员能百分之百地归于一个类型，但如果能发现自己的缺点并加以改善，必定能更加开阔你与客户间的沟通契机。

乔·哈理斯曾将人的心灵分为如图7-1的四个窗子。

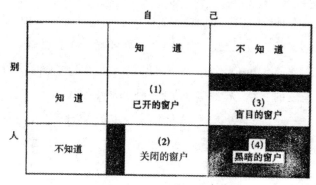

图7-1　乔·哈理斯的四个窗子

（1）"已开的窗户"——自己能坦然让别人知道的领域。

（2）"关闭的窗户"——自己刻意关闭，不让别人知道的领域。

（3）"盲目的窗户"——别人能看得很清楚，自己却全然不知的领域。

（4）"黑暗的窗户"——自己和别人都不知道的无意识领域，暗藏未知的可能性，也是人们潜力所在的地方。

一个人要能成长，就需扩大已开的窗户，缩小关闭的窗户，靠着自我洞察开发黑暗的窗户及通过别人的影响打开盲目的窗户。遵循这种途径就可以认清你自己，然后便对症下药改善你自己。

推销员经过一段时间推销后，可能受到主管或同事的影响或是销售产品特性的影响，往往让自己的推销不自觉地走向一个固定的模式。虽然没有一位推销员是100%属于一种模式，但是他可能会偏向于某种模式。推销员的模式分为5个类型。

1. 权威型

此类型的推销员，主观地认为客户懂得没有他多，没有他专业，甚至对客户提出的问题采取讥笑的态度，以标榜自己的权威。如果有客户表示不愿意购买，这类型的推销员也许会说客户不识好歹。

此类型推销员的特征是他不会去探寻客户的需求，喜欢用智者的口吻，指点客户应该怎么做才是正确的，有如老师指导小学生一样。

权威型的推销由于没有充分了解客户需求，因此很难和客户维持较长远、较深的关系，无法扩大客户的需求而进行更多的交易。特别是目前的社会，信息非常发达，一些专业采购人员的素质也很高，相信这类专业采购人员，并不喜欢面对这种"指点江山"式的推销方式。

2. 低价导向型

此类型的推销员只能推销具有价格优势的产品，他们认为价格是推销成败的最主要因素，任何推销失败的结果都会归咎于价格竞争力的缺乏。

此类型的推销员，最大的问题是他们很少有一些成功的经验，他们并不知道大多数的客户只要你能满足他们高品质的需求，就愿意支付高价钱。

低价型推销员的业绩好坏，往往不是决定于自己的推销能力，而是决定于公司能否推出有价格竞争力的产品。因此，这类型的推销员的命运不是掌握在自己的手中，而是掌握在产品的价格因素上。

3. 人际型

此类型的推销员相信只要关系搞好，其他都是次要的。

的确，当今社会人际关系微妙复杂，国内许多的生意，特别是金额庞大的交易，没有关系根本无法进行，关系的重要性是毋庸赘言的。但是你有关系，别人也有门路，因此，"关系"只是交易的起步，真正的胜负还是要靠推销员其他方面的能力。所以只凭关系的推销员，仍然无法做好推销工作。

人际型的推销员过分注重与客户的关系，往往对客户的需求了解不够彻底。只凭着人际关系拿到订单后，若是客户不能得到充分的满足，引起抱怨，也会妨碍与客户的长期关系。

日本一位知名的企业家说："公司的业绩能力是什么呢？公司的业绩就是我们与客户建立的关系。"因此，人际型的推销员，除了要能注重人际关系外，还应致力于提供客户最适当的产品与服务，才能与客户建立长期稳定的关系。

4. 被动型

此类型的推销员认为客户有需要自然会主动购买。因此，他不会主动地去发掘客户的需求，不会主动地告诉客户自己的产品和竞争品牌有何差异，完全以被动的方式等待客户购买。这种类型的推销员，在定点销售的场所最容易看到。

当然，一些已经知道自己的需求、确定自己要购买什么的客户，看到想要的东西会立刻成交，但是绝大多数客户的需求都不是很明确的，推销员的工作就是协助客户确定自己的需求、满足客户的需求。因此，过于被动的推销员往往会坐失许多机会。

5. 问题解决型

此类型的推销员让客户觉得是可以信赖的，他能解决客户的问题及满足客户的需求。

此类型的推销员让客户感觉推销员是来帮助我的，推销员帮助我找出我真正的需求，我听从了推销员的建议，让我能很高兴地做一个正确的决定，我能从购买的产品上得到许多我想要得到的利益。这就是问题解决型的推销员给客户们的感受。

以上这5种类型的推销员，在面对不同的产品、不同的客户、不同的状况下，都有可能达成成交的目的。根据一位从事推销训练工作20余年的专家研究，虽然每一位推销员都不可能是100%属于某一类型，但问题解决型的推销员最能获得稳定的业绩。带给他们稳定的最大要因是，他们每月业绩中几乎有50%以上都是由以前客户再购买或由这些客户介绍其他客户而来的。

从事推销工作的你可以反省一下，在自己平常的推销工作中，表现出的行为举止到底倾向于哪一种类型。就如乔·哈理斯的第二道窗户，你可以不告诉别人，但你不能欺骗自己。所以你先认清自己目前的真面目，最终的目标当然是朝问题解决型的推销员迈进。

◆ 良好的自我管理

日本汽车推销冠军佐藤说："一个无法管理好自己的推销员，是无法管理好他的客户的。"的确，"一屋不扫，何以扫天下"；自己都无法管理好的推销员，何谈管理他的客户？

推销相对来说是最自由的职业之一。一个推销员如果不管理好自己，将必败无疑。推销员的自我管理，就是要使自己的思想行为条理化、规范化，以达到潜能的最大限度发挥、素质的良好利用。

1.制定目标

推销员制定自己目标的重要意义，专家和推销员早已有了论述。美国推销员培训专家伊斯曼说："设置目标是成功的第一次演习。制定目标很有效，它增加了你的动力，迫使你选择优先重点及使你对自己负责。有了目标就可能使你更经常地取得成功。一旦你规定了目标，你的时间价值也就明确了。"

推销大王蓝斯顿说：

"今天我要使我的价值增加100倍。我要如何做到这一点呢？首先，我要为这一天、这一周、这一月、这一年和我的一生，订下一个目标。在订下目标以前，我要考虑到过去最好的成就，并使它增多100倍。

"这一点必须成为我将来生活的标准，我绝不担心我的目标定得太高，因为，把我的箭瞄准月亮而只射中一只老鹰，这比把我的箭瞄准老鹰而只射到一块石头不是更好吗？

"我目标的高度，不会使我敬畏，尽管在我到达目标以前可能要经过一些障碍。如果绊倒了，我就爬起来，那么，我的绊倒就与我无关了。只有虫子不必担心绊倒。我不做把目标瞄得太低的蠢事。我要做一个失败的人所不愿做的工作。我要时常把手伸过我抓得到的地方。我绝不满足于我市场上的成就。我要在达到目标的时候，立即将目标升高。我要时常使下一次的成果比这一次的更好。我要时常向世人宣告我的目标。但是，我绝不夸耀我的才能。我要谦恭地接受世人对我的赞誉。"

订立目标，应以什么为依据呢？

根据推销大师的经验，以下3点可为推销制定目标的依据。

（1）以专业推销员为目标。一名推销员首先应对自己的职业保持高度的信心和荣誉感，然后才能向"专业推销员"迈进。

（2）专业意识是成为专家的捷径。面对三百六十行中的任何一行，每个人都具有不同的能力，有的人高，有的人低，但目前的能力并非最重要的。假使你在某方面的能力较低，不妨将目标订立在专家级的水平；至于能力较高的人，则应以坐上业界第一把交椅为目标。

（3）要确认需求。作为推销员，你究竟想成就什么？没有需求就不可能出现具体的目标，你最好认清自己的需求，并进而确立目标。

你想在哪一方面获得成就？你可以在纸上随时书写所想，内容与张数不限，唯一的要求是必须翔实而不要遗漏。它的主要目的是认清自我，以掌握明确方向。

必须从他人身上得到启示或由团体采集经验，交流实行过程的心得，把认为有理的内容纳入自己的要求。有关的书籍、报刊所披露的信息也是绝佳的资料来源。总之，范围要广泛，动作要迅速。

制定目标的依据，要遵循以下原则：

（1）工作目标要比实际目标高。

（2）长期目标更高远，短期目标要实际。

（3）推销目标与个人目标尽可能结合。

（4）用书面语写出来。

（5）经常审查你的目标。

（6）把不在要求的目标剔除。

另外，制定目标也要遵循6个原则：

（1）设定目标应符合实际。太高的目标是没有可能性的。目标的设定应以现实为基础，这样的目标才有存在价值。

（2）内容应统一。拟订无益于目标的计划将无助于成功，应设计与工作内容相称且能够与目标达成统一的计划。

（3）设定期限。分别订下长期、中期、短期之类的期限，期限可完全按照自己的意思制定，但必须注意不可过长或过短。

·长期目标（3年、5年或10年）

设定终生的目标，并尽可能把它具体化，比如，"磨炼成为推销高手""成为业界权威"等。

·中期目标（年度目标）

以推销业绩为重心，设定如"本期预定销售×××万元""开发有助于经销的才能"等目标。

·短期目标（3个月）

为了开发业绩、能力等目的，设计周详的实行计划，如月份销售额应达××万元，本地进入销售竞赛的前3名或提出5个以上的创意促销计划等。

（4）制作量表数据。销售量、访问次数等应制作成数据表。至于无法做成数据的部分，也应变化方式予以记录。

（5）变更与修正。有时由于日后环境的改变或心境、情势有所不同，目标可随之变更或修正，但不应轻言放弃。

（6）利用视觉。拟定目标后，设法将它视觉化，不断地用视觉上的刺激提醒自己，以不致忘记。比方说写在纸上，贴在床头，以激励自己。

2. 时间管理

推销员自我管理中目标管理之后的又一项，就是时间管理。对于推销员来说，时间的管理和目标管理同样重要。

（1）养成时间意识。分析所有那些被人们誉为"顶尖推销员"的人，你会发现，他们在和客户商谈之前，都会做好调查准备工作。他们总希望能够事先拟订最佳的会谈方案，以便即时提供给客户。所以商谈一开始，他们的反应大都是："您的时间很宝贵，我们就开门见山谈事情吧。"可见他们是如何重视时间！这样不仅为自己，也为客户带来了时间的节省和效率的提高。

但在现实生活当中，每一个人对于时间的认识，都有不同的观念。是不是重视时间，完全要看个人对时间的态度和处理时间的办法。

现在，来帮你计算一下你到底实实在在拥有多少时间。每个人的平均寿命，大概有70岁。换句话说，今天在医院里出生的小孩子，他今后将会有25000天的寿命。当他走出学校，开始工作的时间，他就已经花掉了20多年的时间了；到了50多岁的时候，他已准备退休，自己人生最后20年，其实是"多余的时间"，因为他无心也无力再战。所以，我们应该大有作为的时间，便是中间的30年，即10000多天的时间。而在这段时间里我们又将有休息、生病、放假等，剩下来真正工作的日子，只有七八千天，甚至还不到。说到这里，你会惊奇自己有用的时间原来这样少吗？

时间既然这么少，你还忍心去做无谓的浪费吗？美国科学家富兰克林说："时间就是金钱。"他又说，"我们不能向别人多抽些时间，也不能将时间储藏起来，更不能加倍努力去赚钱买一些时间来用。唯一可做的事情，就是把时间花掉。"是的，我们只可以花掉自己的时间，但是，如果我们能够将时间"花得其所"，就会在事业上取得很大的成功。

原一平为了实现他争第一的梦想，全力以赴地工作，早晨5点钟睁开眼后，立刻开始一天的活动。躺在被窝里看书，思考推销方案；6点半往客户家中去电话，最后确定访问时间；7点钟吃早饭，与妻子商谈工作；

8点钟到公司上班；9点钟出去推销；下午6点钟下班回家；晚上8点钟开始读书、反省，安排新方案；11点钟准时就寝。这就是他典型的一天生活。从早到晚一刻不闲地工作，就是原一平的特点。

原一平是个伟大的人，他说："人，只要胸怀目标，就能永葆青春。"靠着努力的工作，充分地利用时间，他有效地拉长了自己工作的时间。

推销员所从事的工作，往往自由度比较大，于是大部分的推销员就把该工作的时间，用在了吃、喝、玩、乐等方面，结果可想而知，他们碌碌无为。他们的时间，不是金钱反而是"花钱"。要想成为一名成功的推销员，就应该像原一平那样有效地利用时间，将时间变出金钱。

（2）和时间赛跑。推销员是与时间赛跑的人，能有效利用一天的活动时间，是提高业绩的关键。

但如何才能有效利用活动时间呢？就是不能把拜访一个客户的时间，拖延到正常时间以上。有时不是访问时间决定效率的问题，反而是移动时间——从公司到达现场的时间以及往来客户之间的时间——影响了活动的效率。

虽然移动时间是必须的，但仍然要考虑节省。毕竟移动时间占了一日有效时间的1/3，所以要谨慎利用。

有效利用移动时间，第一原则为"在移动过程中，决定下一位访问对象"。既然挑选访问对象也要挪用时间，不妨利用移动过程来完成该工作。

如果是骑自行车的推销员，可以从市镇的街中选定候补的访问对象。倘若是靠公交车、出租车移动的推销员，大可顺便巡视整个负责区域。什么地方有什么公司，哪一间商店坐落在哪一块区域，都可趁此机会了解记住。

推销高手毫不例外，他们不会浪费一丁点儿的时间在移动的过程中。

至于有效利用活动时间，第二个原则是对当天访问做全盘检讨。推销员在访问客户后，通常会做下列工作：①对照进度，看是否与计划相吻合；②想想访问过程中是否遇到困难；③预定下次访问的进度；④搜集客户所需要的情报；⑤将下次访问活动的项目记录下来。这些工作在记忆鲜明时去做，效果最好。因此与其回到公司再做，不如随身携带笔记本，在访问结束后就做。

对经常饱受塞车之苦的推销员来说，充分利用移动时间尤其重要。把那些平日难解决的问题趁塞车时解决，不是很好吗？

（3）对浪费时间说"不"。"逝者如斯夫！"时间就像东流的水，公平公正地一分一秒流逝，逼迫人们充分利用自己有限的时间。

但时间有时没有得到充分的利用，并不是自己的原因，而是迫于外界的干扰。所以，一个专业的推销员，要懂得对浪费时间的举动果断地说："不！"

许多推销员因为不懂说"不"而浪费了许多时间，你要理直气壮地说"不"，你要对自己说："我还有一个更重要的问题。"

雅倩化妆厂的推销高手刘小云，有一次到某公司进行演讲。演讲完毕后，该公司为了表示感谢，就请刘小云吃饭。随着吃饭时间的延长，刘小云开始表现出坐不住的样子，说："我要告辞了。"公司的许多人还想听听刘小云的谈话，另外一些人想消磨时光，便一致挽留刘小云。于是，刘小云直率地说："我这样说也许会让各位生气，可是，我的时间很宝贵。今天来做讲演，虽然说拿了一些工钱，但如果因此而令我在饭桌上浪费超过30分钟的话，我是不会原谅自己的，所以我要告辞了。"

日本"寿险皇帝"原一平认为：卡拉OK与高尔夫球是"时间杀手"，因为它们只是娱乐而已，它们不断吞噬人们的时间，并形成恶性循环。

对于有时必须交际应酬的推销员来说，这些东西当然不可或缺，不过只要学会就行了。尽管不能板起面孔严词拒绝："我不懂这些玩意儿。"可是沉迷其中，无法自控的话，将无休止地吞食宝贵的时间。沉迷高尔夫和卡拉OK，不仅造成夜迟不归的情形，甚至影响隔日的身体状况。这也就是说，将影响个人的工作效率，使当事者在上班期间提不起精神。恶性循环的结果，令人再度兴起"真累！打高尔夫球轻松一下吧"的念头。

对这种恶性循环必须想办法加以断绝。首先早起，提早上班，趁早晨头脑清晰的时刻迅速处理事务，这么一来就不至于拖拖拉拉老是加班不停。推销员一旦不能弃绝这类恶习的话，通往成功的道路将关闭。

而对于会利用时间的推销员来说，他们不但能够与卡拉OK等划清界限，而且很会利用业余时间，就连晚上，他们也要将它一分为二，分为前半夜和后半夜。

将夜晚一分为二，前半夜是从下班之后到9点之前，后半夜是9点以后的时间。推销员应该自我克制，让工作、交际、应酬尽可能在晚上9点之前结束。

此外，与人约会，参加音乐会、研究会或者逛书店等活动，也都要在这个时间以前完成。接二连三地赶场喝酒，这种破财伤身又费时的事情还是少做。

童话故事里的灰姑娘必须在午夜12点钟之前回家。同样的道理，推销员也要养成晚上9点以前结束在外活动的习惯。

如果你是属于晚睡型的人，回家洗澡之后，11点钟也能面对书案落座进修。美国著名推销员伊斯曼一年到头总将夜晚11点到午夜1点钟定为自己的个人学习时间。

即使是生活忙碌的推销员，只要用心实践，也能将前半夜定为工作时间，而将后半夜定为自我启发的时间，因此，一般人更没有做不到的道理。

至于早起型的人，后半夜则宜尽早就寝，以便第二天早起创造个人的时间。

当记者问超级明星彼比·尤金什么是他尽力避免和最浪费时间的事，他毫不犹豫地回答："无聊的午餐……跟不喜欢的人一起。"然后又说，"我发现在生命中得到的越多，不论是职业上或金钱上，你就可以选择得愈挑剔，我现在已经没有那种非去不可的午餐了。"

推销员应尽量避免浪费时间的会议、约会以及社交活动。但是，如果是必须参加的经常性例行活动，也许无法逃避。那么你要尽量想办法改善，而且只要可以不参加就尽可能不参加。

有时候，你也许必须对你的主管说"不"，怎么说呢？你必须非常小心，记住一个好的上级希望知道你什么时候不能完成他要求你做的事情。一个有效的技巧是表达你对于必须搁置他们的要求事项感到忧虑，你应该以轻重缓急的方式来措辞："我正在写一份我们讨论过的报告，我也很想去参加那个会议，您觉得做哪一个比较好？"

（4）长时间工作是成功秘诀。其实，推销高手成功的秘诀之一，就是长时间地工作。为了长时间地工作，他们——

尽可能长时间地工作；

放弃节假日；

尽可能地缩减与家人、亲友在一起的时间；

用最少的时间吃饭或拉上顾客一起用餐；

一再访问同一顾客，不惜耗时；

花工夫整理顾客档案……

美国汽车推销冠军汉斯是位虔诚的佛教徒，因此每天早上6点起床后，一定要向佛像膜拜15~20分钟，然后才开始一天繁忙而紧凑的推销工作。

每天早上，盘子里有一些奇妙的东西，那是用海苔包起来的一个个不大的小饭团。原来汉斯认为吃饭的时间也不可浪费，因此在穿衣时，他的太太就将一个个的小饭团放在他嘴里。这种小饭团是汉斯为了配合他的时间才发明出来的。

结束了推销工作回到家中，大概已是晚上8：00~8：30。接着吃饭、洗澡，继续做未完成的工作，所以直到十一二点才能就寝，然后在睡梦中开始发明他的推销说辞。

汉斯说："推销的成败就决定于是否能忍耐长时间的工作。"

他又说："我的座右铭是比别人的工作时间多出2至3倍。工作时间若短，即使推销能力强，也会输给工作时间长的人。所以我相信若比别人多花2至3倍的工作时间，一定能够获胜。我要靠自己的双脚和时间来赚钱，也就是当别人在玩乐时，我要多利用时间来工作，别人若一天工作8小时，我就工作14小时。"

推销高手以及其他行业里成功的人有一个共同点——拼命工作。他们有热衷的精神和充沛的体力，可以从清晨工作到深夜。以一般人的眼光来看，也许他们是像疯子一样地工作，没有清晨，也没有深夜，他们能够长时间的工作。

想要追求成功、获得高收入、有升迁机会、过幸福的生活，却不肯努力工作的人，他的希望必然会落空，因为他无法在商业竞争中获得胜利。

既然时间对于每一个人来说不偏不倚，并不给谁多、给谁少，那么，推销高手并不是靠拉长时间来赢得成功的，他们只是节约时间，即节约了休息、进餐、娱乐等不必要的时间，从而获得更多时间罢了。

推销高手都是节约时间的高手。谈到节约时间方法，最有效也最根本的是把事情按优先顺序列表，先做那些重要的，再做那些次要的，不必要的则不做。这里有一条基本原则，那就是：

做正确的事，而不是多做事。

总结推销高手们节约时间的方法，可以归纳出20条。

a根据预约推销，这样可保证推销时间的质量。

b随时把一张记有30个最佳买主的名单带在身上，你可以在偶尔空闲时与其中一位或几位加强联系。

c每天晚上为第二天写一份该做的事情的清单，这样你就为完成工作下了一半的决心。先做单子上列为优先的事情。

d当顾客已达到极限时，要把你的推销方式改为电话推销或直接邮件。

e以集中和计划周密的方式进行推销访问，不要在你的整个安排中将它们分散。

f向决策人推销，并通过会见其他对买方有影响力的人，来左右每个推销合同。

g做需要做的事，而不是你喜欢做的事。

h总要再多进行一次访问。

i经常地检查你的目标，并问自己，"现在怎样才能最充分地利用我的推销时间？"

j避开那些不能很好利用时间的推销员们。

k不管你选择采取哪一种推销行为，都要给予它们充分的注意，以便你能在较短的时间内取得效果。

l把耗时的推销活动分为较小的部分，以便你不需大量的时间就能完成工作并取得进展。

m把接近几位最佳顾客放在最优先的位置，发展你同重要顾客的关系，并增添新的、合格的顾客。

n时间不要安排得太仓促。

o建立客户推介系统，他们将帮你推销。

p对询问要立即做出反应。

q尽可能多地注意推销的各个方面，如时间安排、跟踪访问、辨别顾客、写建议书，等等。

r严格要求，使你多次花时间访问的顾客符合条件，尽可能使你最佳的几位潜在顾客成为客户。

s拒绝涣散你目标的行为以取得成功。

t想得少些，缩小你的注意范围。

（5）大师们的时间表和秒表。为了说明推销大师的时间安排，这里列出了一张推销大王汉斯的一日时间表，并介绍汽车推销员贝尔用秒表精确控制时间的情形。

汉斯的一日时间表

①起床	6 时 48 分
②开始工作	9 时整
③工作结束	20 时整
④就寝	23 时 54 分
⑤访问（老客户）	12.3 家
⑥访问（新开拓的客户）	9.8 家
⑦电话推销	9.9 家
⑧寄出 DM（一星期内）	16.4 家
⑨桌上的工作	30 分
⑩自己家中的工作	24 分
⑪进入咖啡店的次数	0.4 次
⑫睡眠时间	6 时又 30 分

美国一流汽车推销员贝尔下班回家后，从不喝酒，也不会马上躺下来休息，而是立即像白天一样迅速地工作，直到睡觉为止。

但是，一家人在一起也是很重要的，所以贝尔常常想，应该如何安排工作及和家人相聚的时间。当贝尔回到家，一拉开门时，就马上按下秒表，因为贝尔规定换西装以及和小孩子一起玩的时间为25分钟，所以必须用秒表来计算时间。

贝尔一进门，孩子们马上跑到身边，说："爸爸！你回来了，跟我们一起玩。"可是他不能浪费时间，所以一定会告诉孩子："好！我们一起玩，不过只能玩一会儿的时间。"孩子们已经很习惯，就说："好！只玩8分钟。"

贝尔和孩子们玩的时候，会一面看表，一面说："还有2分钟"，或是"还有1分钟"。当时间一到，孩子们就知道看书的时间到了，说声"明天见！"就去看书了。

贝尔也是一个普通人，有时也会想要慢慢地吃饭，也会想和孩子们痛痛快快地玩。但是如果像一般人那样的工作，就只有一般的收入，会过着贫苦的生活。如果想过富裕的生活，就不得不限制和家人相聚的时间，并且还得拼命工作，所以他每天都工作到深夜一两点。

贝尔说："专业的推销高手，必须一大早就起床工作，白天当然要全力以赴，晚上也要继续工作，连星期日和法定假日也不放假。放假的日子是处理未完成之工作的最好时间。对我来说，两个月一次或三个月一次的休假，就能让我有足够的时间来做这些工作。因为大家都在休息，而自己仍然在工作，就领先于一般人了。"

"希望任何事都做得比别人好，并不容易。但是，想到能获得高收入、能过着富有的生活，以及建立成功的人生，就应该下定决心，扎扎实实地向工作及时间挑战。"

◆ 建立5个信念

经常有人问："要怎样做才能推销成功？""要怎样做才能成为一位推销高手？"大家都期盼有一个速成的秘方。

秘方在哪里呢？秘方在你的心中。任何一位获得成功的人，在他的内心中都存在着一个坚定不移的信念，这个信念让他克服横旦在他面前的障碍、困难，这个信念让他胜过其他的对手。

一位中国记者曾访问一位退休的美式足球教练，问道："创造奇迹式胜利的秘诀在哪里？"他回答说："我们的球队如同其他球队一样都有最杰出的选手，面对这些一流的选手，我还能教他们什么技巧呢？他们对美式足球的技巧与认识，绝不会比我少一分，我懂得的也绝不会比他们多一分，我能做的唯一的事情，就是让我的球队在迎战对手前的一分钟，让他们的战胜意志达到沸腾。"这个创造美式足球奇迹的秘诀，不在知识也不在技巧，它存在每一位选手的内心，这股心灵的力量，才是创造奇迹的关键点。

马拉松选手靠着平时磨炼，他们的意志力战胜身体的疲惫及想要休息的渴望。马拉松选手的胜负不在体力而在意志力，因为体力已超出人的体能以外。推销也是一样，推销员必须启动心灵的力量，心灵的力量来自平日的锻炼。

如何培养推销的心灵力量呢？心灵的力量来自你的信念。作为一位专业推销员，你必须建立下面的信念。

1. 确信自己的工作对客户有贡献

化妆品厂的老板相信他能带给人们美丽的希望，因而能建立全球性的企业。IBM相信他对客户的贡献在于替客户解决问题，因而能成为世界上最大的信息处理公司。一位确信国家未来的命运掌握在他们手中的小学老师，在教育国家幼苗时，可以感受到他的眼神中那神圣的光辉。作为一位专业的推销员，你坚信能带给客户的贡献是什么呢？

专业业务代表的第一个信念就是确信自己能为客户做出有意义的贡献，若心中没有这种信念，你无法成为一流的推销员。

2. 关心客户

推销员的第二个信念是要真心诚意地关心你的客户。关心是赢得信赖的敲门砖，信赖有如冬天里的暖流，烈日中的清风，能扫除人与人之间的隔阂。信赖在推销过程中是最珍贵的催化剂，有了它，客户不再对你设下防备的栅栏，有了它，客户能坦诚地向你诉说他真正的期望，剩下的问题是客户和你如何共同尽最大努力，以达成客户的期望。

有些推销员常常苦于面对客户找不出谈话的话题，而羡慕那些能和客户愉快交谈的推销员们。其实你若能真诚地关心你的客户，就能找出谈不完的话题，"关心"不能只止于"我真的想关心你"，关心是要拿出实际的行动，关心是"你能知道客户想什么"，关心是"你知道客户的喜好",关心是"你知道什么样的信息客户需要,你会设法提供给客户",关心是"不管生意做不做得成,我想和你做个好朋友"。

3. 积极与热诚

推销员的第三个信念是"只要做一天推销员,积极与热诚就是你的本能"。本能是一种自然的反应,是不打折扣的,是不需要理由的。作为一位成功的推销员,失去了积极与热诚,有如艺术家失去了灵感,有如发电机失去了动力,你还能期望你能打开客户关闭的心扉吗?

积极与热诚是会感染的,你不但能将积极、热诚传播给你的客户,同时你也能将你此刻的积极与热诚传染给下一刻的你。因此,每天早上起来的第一件事——告诉自己要积极、热诚。

4. 驱策自己的意志力

棒球选手每次出场向0.3的胜率挑战,只要他10次出场,能击出3次的安打,他就能保持他的击手地位,也就是他的意志力要面对7次失败的压力而不沮丧、不被摧毁。但推销员通常推销时,要面对50次以上的"不需要""没预算""不喜欢""太贵"的拒绝,才会产生一个准客户,若是没有坚强的意志,是很容易被击垮的,虽然技巧能提高我们的成功率,但胜率却仍然是远低于0.3。

推销员也是人,很难要求他长时间终日暴露在被客户拒绝的环境中仍维持他的意志力,但是意志力必须支持他完成最低的目标。

什么是最低的目标呢?最低目标是指推销员要能达到30%以上的业绩是由他的客户介绍而来的。那么到底他要花多长的时间才能达到这个目标呢?任何行业都一样,你拥有的客户数愈多,你的推销工作就越顺利。因此作为一位专业的推销员,你第一个意志力的考验就是不管多么艰辛,一定要有坚定的信念,达到这里所指的最低目标。

意志力的第二个挑战是你必须鞭策自己确实地执行你每日的推销计划，对于你每天已计划要做多少新客户拜访、拜访几位准客户，打多少预约电话，绝不替自己找理由拖延，因为专业与非专业的差别就在每天计划的执行程度。

5. 尊重客户

第五个信念是要尊重你的客户。尊重客户的最基本点是任何时刻对客户一定要诚实，绝不欺骗、敷衍你的客户。客户的"挑剔"，就是你的改进点，你要虚心诚意地接受，并尽最大的努力改进。

你尊重你的客户，所以要增进自己的专业知识，这样才能给客户最好的建议。你尊重你的客户，所以你要站在客户的利益点为客户考虑。你尊重你的客户，所以不能为了自己的利益给客户带来任何困扰。你尊重你的客户，所以要让你的客户每多花一分钱，都能获得多一分价值。

信念不是一种知识，也不是一种理论，也不是一时的狂热，它是慢慢形成的。信念是依据过去的经验逐一证实的想法，这个想法经过愈多次的证实，就愈坚定。

许多新推销员，满怀一展身手的豪情壮志，很遗憾的是，半数以上经过一个月，有的甚至一两个星期的实地推销后，沮丧就挂在他们的脸上，意志也变得相当脆弱，当初的雄心壮志及成为一流推销员的憧憬似乎破灭了。

推销和其他任何伟大的工作一样，在你尝到甜美果实，享受自得与荣耀前，路途上有许多挫折与困难需要克服，能够伴随你克服艰辛疲惫的利器就是在推销工作中所秉持的信念。

唯有信念能让你漫长的推销生涯有力量面对挫折，让你能以充沛的自信面对挑战，让你从推销中实现人生的价值。技巧虽然可以帮你成为一位学有专长的专业人才，但想要成为一流、想要达到卓越、想要成为大师，凭借的不只是技巧，而是一股精神，是你的信念。

在成为推销高手之前，你要走的路也许很短，也许很长，也有可能永远无法到达。现在还没有人能断言结果如何——除了你自己。因为，成功与否，完全要看你自己，你的准备与决心。

登顶的梯子绝不是电动扶梯，你必须一步步往上攀爬。开始的速度如何并不重要，最重要的是能迈开第一步。

最好就此开始。是现在，今天——立刻！

要像是着了魔一般，又好似装上了成功的翅膀，自动自发地快速前进。相信不久之后，在百万圆桌的巅峰会议上，有你端着香槟微笑的身影！